Los cabellos de Absalón

Letras Hispánicas

Pedro Calderón de la Barca

Los cabellos de Absalón

Edición de Alfredo Rodríguez López-Vázquez

CÁTEDRA
LETRAS HISPÁNICAS

1.ª edición, 2024

Ilustración de cubierta: Corrado Giaquinto (1703-1765 o 1766),
Muerte de Absalón (1762) (detalle)

PAPEL DE FIBRA
CERTIFICADA

Valentín Beato, 21. 28037 Madrid
Depósito legal: M. 10.605-2024
ISBN: 978-84-376-4796-8
Printed in Spain

Índice

Introducción

La atribución de *Los cabellos de Absalón* a don Pedro Calderón de la Barca es sólida y fiable, porque es el propio Calderón el que confirma que escribió una obra con ese título. Lo confirma en su carta al Duque de Veragua en 1680 y en esa tardía fecha ya se había publicado, en efecto, una obra a su nombre llamada *Los cabellos de Absalón*. Don Juan de Vera Tassis y Villarroel la incluyó en 1685 en sus ediciones calderonianas reproduciendo una edición contemporánea a la toledana de 1677, ambas unos cincuenta años posteriores a la fecha más probable de composición de la obra que, por diversas vías críticas convergentes, debemos situar en el quinquenio 1625-1630. Es decir, el texto trasmitido por esta edición que le sirve a Vera Tassis y al impresor Francisco Sanz para la suya es un texto que corresponde a una fase muy tardía en la transmisión, una fase en donde resultaría muy ingenuo sostener que el texto original se haya mantenido incólume. Conviene admitir la hipótesis alternativa, refrendada por muchos otros casos de transmisión deturpada de los textos originales, que en cincuenta años y probablemente tras pasar por varias compañías distintas, el texto haya sufrido modificaciones de cierta enjundia y calado. Un ejemplo muy claro de hasta qué punto pueden llegar esas intrusiones ajenas al autor nos lo da la comedia editada a nombre de Lope con el título *El alcalde de Zalamea,* que en realidad, conforme al propio texto, parece haberse llamado *El más justo juez,* del mismo modo que la afortunada remodelación hecha por Calderón (y atribuida también a Rojas Zorrilla), se editó con el título de *El garrote más bien dado*. Ediciones, a nombre de Calderón o de Rojas Zorrilla, que, ya a mediados de siglo, han perdido bastantes versos y tal vez alguna escena, en ese primer cuarto de siglo de la transmisión, en la que probablemente el texto ha sufrido reajustes de las compañías que lo representaron durante esas dos décadas. En este caso de la historia del alcalde Pedro Crespo el texto editado a nombre de Calderón o de Rojas, básicamente el mismo, anda por los 2700 versos, cuando los textos de las comedias de Calderón impresas hacia 1635 están entre los 3000 y los 3300 versos. No podemos descartar que, conforme a los avatares de la transmisión, si un texto editado con 20 años de distancia puede presentar hasta 300 versos (o más) de pérdida, otro texto editado cincuenta años después, puede haber perdido no menos de 500 versos. De hecho disponemos de bastantes ejemplos de ello.

Sin embargo, en la obra que nos ocupa si nos atenemos a esa primera edición de la que deriva la de Vera Tassis y Sanz, el texto parece tener más de 3200 versos, es decir, un caso inusual y milagroso de conservación de un texto tras medio siglo de avatares en su transmisión. A este primer misterio hay que añadir un segundo misterio, el segundo acto de *Los cabellos de Absalón* casi es coincidente con una obra atribuida a Tirso (pero también a Godínez y a Claramonte), llamada *La venganza de Tamar*. Obra recibida con alborozo por la crítica tirsiana, que ha transmitido la idea de que tal coincidencia textual sería un ejemplo de la admiración que don Pedro tenía por la obra del mercedario Téllez. Conjetura muy de circunstancias, que solo está apoyada por un hecho puntual del año 1636: la publicación de la *Quinta parte* de Tirso tuvo como censor a Calderón, que le da el visto bueno con el habitual elogio de compromiso con el que los censores avalaban la publicación del volumen sin riesgo para la salud moral del lector. Creo que la idea de «declarar su admiración» por la obra de Tirso en lo que es llanamente un elogio de compromiso se parece mucho a una extrapolación de intenciones. Calderón se limitó a dar el preceptivo informe aprobatorio a una edición de comedias del fraile mercedario cuando ya Téllez se acercaba a los 60 años de vida. Exactamente 57 años, en tanto que nacido en 1579. La idea de que los elogios de compromiso del censor son una evidencia de la admiración por la obra de Tirso puede que sea exagerada y no está avalada por ningún documento fuera de ese obligado elogio de censor de comedias. En cuanto a la fiabilidad de esta atribución a Tirso, hay que tomar en consideración lo siguiente: en la *Segunda parte,* editada por el mismo Francisco Lucas de Ávila, ya Tirso advirtió en el prólogo que solo cuatro de las doce comedias eran suyas. *La venganza de Tamar,* incluida en su *Tercera parte* (1634, pero con aprobaciones desde el 13 de septiembre de 1633) a cargo de un sedicente[1] sobrino suyo, tiene a otros dos autores alternativos: Felipe Godínez y Andrés de Claramonte. Y hay varias comedias de esa *Tercera parte* tirsiana que tienen candidatos alternativos.

La atribución a Claramonte de esta obra reposa en un documento que tiene aval muy consistente: el repertorio de la compañía de Juan Jerónimo Almella, incautado en 1628 por las autoridades valencianas, repertorio a la vez escueto (solo tres autores) y consistente: quince obras de cada uno de los tres autores: Lope de Vega, Mira de Amescua y Andrés de Claramonte. Si *La venganza de Tamar* no fuese de Claramonte, sería el único caso conocido de una comedia de esas quince que estuviese mal atribuida. La más conocida de ese repertorio es *El gran rey de los desiertos, San Onofre,* cuya representación está fechada en 1620 en el corral del Coliseo de Sevilla. Y *El gran rey de los desiertos* guarda muchos puntos de contacto con *La venganza de Tamar,* entre ellos uno muy llamativo: el uso repetido de la silva de pareados *aA,* que luego adquirirá gran popularidad con el parlamento inicial de *La vida es sueño.*

---

[1] Sedicente, puesto que es el propio Lucas de Ávila el que afirma repetidamente ser su sobrino, sin precisar nunca en qué radica tal parentesco. En esta *Tercera parte* ya no hay prólogo a cargo de Tirso, ante el riesgo de encontrarse con un nuevo mentís.

Por lo tanto, en una comedia de atribución dudosa a tres autores distintos, no está de más contemplar la hipótesis de que ese tercer acto coincidente con el segundo de *Los cabellos de Absalón* no sea un ejemplo de «robo intelectual» por parte de Calderón, sino más bien un ejemplo de intervención de una compañía, ajena al autor, para completar texto en una comedia que se ha transmitido con el desgaste habitual en medio siglo de representaciones. No es una conjetura, sino una hipótesis, concepto que no es el mismo y que no tiene las mismas implicaciones teóricas y prácticas. Una hipótesis remite a un problema teórico que no se ha podido resolver con los datos de que se dispone, de manera que la hipótesis propone un marco interpretativo nuevo en el que esos datos encajan de otra forma e implican un nuevo marco teórico. Una conjetura, en cambio, es una propuesta que no se puede demostrar y que se asume acudiendo a la fe, ya que no se dispone de documentación nueva. La variante llamada «conjetura *ad hoc*» tiene una particularidad notable: se emite para paliar una evidencia y tampoco tiene respaldo teórico ni documental. Utilizar conceptos como hipótesis y conjetura como si tuvieran el mismo valor indicial o heurístico es confundir la fe con la razón. La hipótesis que vamos a manejar es que la última compañía que dispuso del manuscrito de *Los cabellos de Absalón,* ya dentro del período 1670-1676, se encontró un texto muy deturpado en los actos segundo y tercero, aunque casi íntegro en el primero, de casi mil versos. Y que esta compañía es la responsable de insertar el tercer acto de *La venganza de Tamar* como segundo acto de *Los cabellos de Absalón.* Esta hipótesis, que implica que Calderón es ajeno a ese añadido tardío, deshace la conjetura *ad hoc* de que Calderón habría usurpado un acto de *La venganza de Tamar,* obra tradicionalmente atribuida a Tirso. En realidad, y de forma mitigada o tímida, la hipótesis de una intervención ajena al autor ya ha sido propuesta por Felipe B. Pedraza en las reflexiones finales de su artículo sobre este problema. Paso a la cita textual de estas conclusiones, que comparto parcialmente:

1. No me parece posible que Calderón, que escribió *Amor, honor y poder* en 1623 o *El sitio de Bredá* en 1625, redactara por las mismas fechas el tercer acto de *La venganza de Tamar*. Estamos ante dos concepciones de la lengua literaria muy distintas y en cierta medida opuestas: conceptismo dilógico y metáforas caprichosas y vulgarizantes frente a elaboración cultista del estilo. *[Comparto plenamente esta conclusión de Pedraza.]*

2. Calderón, o la compañía encargada de estrenar su tragedia revisó el texto de Tirso y lo manipuló con pericia para adaptarlo a su sistema dramático y a los gustos imperantes en los años centrales de la década de 1630. De ahí la supresión de las canciones y del zéjel, reminiscencia de las comedias villanescas y bíblicas (hay toda una bucólica veterotestamentaria) al estilo de Lope y Tirso. En esa operación cayeron, por voluntad del adaptador, algunos juegos conceptistas y en ocasiones se produjeron ciertos desajustes no deseados. *[Comparto la idea de la intervención de una compañía, pero disiento en la conjetura de que eso se haya hecho en la década de los 30. Probablemente es bastante más tardía, en la segunda mitad del siglo.]*

3. El texto de que dispuso la compañía que estrenó *Los cabellos de Absalón* era el del acto tercero de *La venganza de Tamar* en una versión distinta a la impresa en 1634. Los editores posteriores a *BM* se van separando de él para subsanar las erratas del primer impreso conocido. *[Esto no concuerda con los hechos documentados. Son derivaciones* ad hoc *que tienen otra explicación alternativa, como más adelante se sostiene. La intervención de la compañía que inserta el tercer acto de Tamar se debe de haber hecho cuando ya el texto de Absalón está muy deteriorado y ha perdido escenas o secuencias del texto original. La inserción, ajena al autor, de una réplica adaptada del tercer acto de Tamar se debe de haber producido cuando ya el texto de Absalón ha quedado reducido a 2200 versos y requiere intervención del autor de la compañía.]*

4. Con estos datos no encuentro más que una hipótesis, la ya expuesta por Sloman, para explicar la indebida apropiación calderoniana: la falta de tiempo. *[Disiento: hay otra hipótesis mucho más sólida, que asume que Calderón no tiene*

nada que ver con la ulterior intervención de la compañía, hacia 1670: que a lo largo de medio siglo el texto original de Calderón se había deturpado tanto que el conjunto de las dos últimas jornadas tenía una extensión similar a una sola jornada y requería una intervención drástica de la compañía][2].

La historia de Tamar, Amón y Absalón

La historia de la violación de Tamar por su medio hermano Amón y la venganza urdida por Absalón, hermano de Tamar tanto de padre como de madre, se cuenta en el Segundo Libro de Samuel, y también las *Antigüedades* de Flavio Josefo, así como en resúmenes transmitidos por distintas crónicas medievales. Su persistencia en el Romancero garantiza una amplia popularidad en los tiempos de Felipe II y su presencia constante en los de Felipe III. No se trata, pues, de un tema de erudición bíblica, sino de difusión cultural por varias vías paralelas, tanto cultas como populares. Hasta tal punto popular que las versiones más próximas al tiempo de Claramonte y Calderón ya derivan a los personajes originarios y los transforman en entidades medievales. El tema, un ahondamiento en el incesto lateral, distinto del edípico, que es materno-filial, permite muchas aproximaciones y su pervivencia hasta el siglo XXI es rastreable en muchas derivaciones populares y afines a la cultura de masas. Entrar en ese terreno sería perderse innecesariamente, porque lo que nos interesa es dilucidar un problema central del teatro barroco: las fuentes usadas por Calderón y los vericuetos de su transmisión textual. Pero, sobre todo, el deslinde del texto (del verdadero texto del autor), una vez despojado de los añadidos introducidos por la última compañía que lo representa antes de que llegue a imprenta en el decenio de 1671-1680. Para ello hay que empezar por rescatar el texto bíblico del Segundo Libro de Sa-

---

[2] En Pedraza, *Calderón. Vida y teatro,* Madrid, Alianza, 2000.

muel, 13-18. La historia evocada por Calderón comienza con el regreso triunfal de David a Jerusalén, tras su incursión militar en Rabá o Rabbat o Rabata. El epígrafe 13 dice así:

> Aconteció después de esto que, teniendo Absalón, hijo de David, una hermana hermosa que se llamaba Tamar, se enamoró de ella Amnón, hijo de David. (2) Y estaba Amnón angustiado hasta enfermarse por Tamar, su hermana, pues por ser ella virgen le parecía a Amnón que sería difícil hacerle cosa alguna. (3) Y Amnón tenía un amigo, que se llamaba Jonadab, hijo de Simea, hermano de David, y Jonadab era hombre muy astuto. (4) Y este le dijo: Hijo del rey, ¿por qué de día en día vas enflaqueciendo así? ¿No me lo descubrirás a mí? Y Amnón le respondió: Yo amo a Tamar, la hermana de Absalón, mi hermano. (5) Y Jonadab le dijo: Acuéstate en tu cama y finge que estás enfermo, y cuando tu padre viniere a visitarte, dile: Te ruego que venga mi hermana Tamar, para que me dé de comer y prepare delante de mí alguna vianda, para que al verla yo la coma de su mano. (6) Se acostó, pues, Amnón y fingió que estaba enfermo y vino el rey a visitarle. Y dijo Amnón al rey: Yo te ruego que venga mi hermana Tamar, y haga delante de mí dos hojuelas[3], para que yo coma de su mano. (7) Y David envió a Tamar a su casa, diciendo: Ve ahora a casa de Amnón, tu hermano, y hazle de comer. (8) Y fue Tamar a casa de su hermano Amnón, el cual estaba acostado, y tomó harina y amasó e hizo hojuelas delante de él y las coció. (9) Tomó luego la sartén y las sacó delante de él, mas él no quiso comer. Y dijo Amnón: Echad fuera de aquí a todos. Y todos salieron de allí. (10) Entonces Amnón dijo a Tamar: Trae la comida a la alcoba, para que yo coma de tu mano. Y tomando Tamar las hojuelas que había preparado, las llevó a su hermano Amnón a la alcoba. (11) Y cuando ella se las puso delante para que comiese, asió de ella y le

---

[3] Las *hojuelas* son 'fruta de sartén, muy extendida y delgada' (DRAE, 1899). Corresponde a lo que en Galicia se conoce como *filloas*, de idéntica etimología.

> dijo: Ven, hermana mía, acuéstate conmigo. (12) Ella entonces le respondió: No, hermano mío, no me hagas violencia, porque no se debe hacer así en Israel. No me hagas tal vileza. (13) porque ¿a dónde iría yo con mi deshonra? Y aun tú serías estimado como uno de los perversos en Israel. Te ruego, pues ahora, que hables al rey, que él no me negará a ti. (14) Mas él no la quiso oír, sino que, pudiendo más que ella, la forzó y se acostó con ella. (15) Luego la aborreció Amnón con tan gran aborrecimiento, que el odio con que la aborreció fue mayor que el amor con que la había amado. Y le dijo Amnón: levántate y vete[4].

Esto es lo que Calderón desarrolla en la primera jornada de *Los cabellos de Absalón* en una construcción dramática de rigurosa maestría y calculado ajuste entre todos los elementos que configuran el drama[5]. Conviene fijar con claridad el uso de la fuente bíblica y conviene también tomar en consideración el tratamiento previo de *La venganza de Tamar,* atribuida a Tirso por su sedicente sobrino Francisco Lucas, a Godínez por el editor de la *suelta* y por la mano que enmienda el manuscrito de 1632, añadiendo «de Godínez» a la indicación «anónimo» y a Claramonte por el documento más antiguo (1628), avalado por la evidencia de que cuatro de las obras están atestiguadas, sin que ninguna de las diez restantes pueda atribuirse a un autor que no sea Claramonte. Habiendo tres autores en liza parece sensato y razonable aludir a *La venganza de Tamar,* de autoría controvetida, y no admitir, sin escrutinio previo, que tal obra sea de Tirso, dándole fe a un sedicente sobrino que en la

---

4 Sagrada Biblia. Traducida de la Vulgata Latina teniendo a la vista los textos originales, por el padre José Miguel Petisco, Madrid, Apostolado de la Prensa, 1943. De aquí en adelante, todos los pasajes de la Biblia se citan por esta edición.

5 Evangelina Rodríguez Cuadros, en su admirable y minuciosa edición, ha insistido en estos aspectos, con planteamientos críticos que comparto plenamente.

Segunda parte de Tirso había editado, junto a cuatro obras suyas, otras ocho ajenas, de varios autores como Vélez de Guevara, Mira de Amescua, Claramonte o Ruiz de Alarcón. Conviene insistir aquí en las conclusiones de la tesis doctoral de María Torre Temprano (Pamplona, 1975) que, aplicando una metodología rigurosamente basada en Morley y Bruerton, concluye que *El condenado por desconfiado* es obra ajena a Tirso, sin poder aportar otro autor alternativo. La reciente tesis doctoral (Valencia, 2021) de Nàdia Revenga García ha escrutado este asunto, concluyendo que la obra coincide al 83 por 100 con rasgos de Claramonte y solo al 16 por 100 con rasgos de Tirso. Se trata de datos objetivos que se deben asumir y que aconsejan no atribuir a fray Gabriel Téllez obras que no le corresponden. El corolario de todo esto es muy sencillo: se puede explicar *Los cabellos de Absalón* sin recurrir al texto previo de *La venganza de Tamar,* asumiendo la hipótesis de que el segundo acto de la edición *suelta* es en realidad un acto introducido por una compañía teatral en fecha muy tardía, con el fin de ajustarlo a la medida típica de algo más de tres mil versos. Lo que realmente es de mano de Calderón (y en esto no hay dudas ni debates) es el conjunto del primer acto y todo el extenso tercer acto, pero no el texto intruso del segundo, obra de la última compañía que se encuentra con un texto demasiado breve para una representación.

La azacaneada transmisión del texto

Antes de que Vera Tassis aborde en 1681[6] su edición de la obra ha habido, como mínimo, dos ediciones previas, una de ellas en una colectánea *extravagante* de 1677 en To-

[6] El volumen, y todos los volúmenes recopilados por Vera Tassis para esa edición, tienen licencias y aprobaciones desde la primavera de 1682, lo que apunta a que Vera Tassis los recopiló a lo largo de 1681.

ledo que, sin duda, procede de una edición anterior, tal vez o probablemente, una *suelta,* con lo que no podemos descartar por completo que esa *suelta* previa sea de ese mismo año y que corresponda al ejemplar que le sirvió a Vera Tassis para su edición. Las numerosas omisiones de versos aislados que presenta el texto de Toledo (T) respecto a Vera Tassis no tienen contrapeso; es decir, no hay ningún verso que esté omitido en Vera Tassis y presente en esas otras ediciones. Posteriormente a Vera Tassis tenemos una buena docena de ediciones de la obra, que básicamente podemos distribuir en tres familias distintas, alguna de ellas familia monoparental. Evangelina Rodríguez Cuadros las ha ordenado y agrupado para luego abordar su propuesta textual, bajo el prudente epígrafe general «Hacia una edición crítica». En este sentido, la aportación de Rodríguez Cuadros es interesante y valiosa, pero sus decisiones concretas no siempre están bien fundamentadas.

Es el caso del verso 122. Transcribo la reflexión crítica previa que da en su página 94 comparando las tres variantes:

> BM: *Uno solo sin ella le atormenta*
> T, BL, AMS, JP: *Uno solo sin ella ¡Oh ingrata, oh fiera*

Y, definitivamente, en la versión de VT:

> *Uno solo sin ella. ¡Oh ingrata y descontenta*

Finalmente para su edición, Evangelina propone *uno sin ella. ¡Oh, ingrata y descontenta,* verso métricamente correcto, pero discutible, en tanto que reduce el común «uno solo sin ella», que los tres testimonios comparten, a «uno sin ella», para asumir el resto de la lección de Vera Tassis. Hagamos constar en primer lugar que la secuencia inicial «uno solo sin ella» consta de siete sílabas y tiene el preceptivo acento en sexta, con lo que el endecasílabo se puede completar de dos formas: una secuencia que comience en vocal haciendo sinalefa con «ella» seguida de cuatro sílabas más, o bien una secuencia de cuatro sílabas comenzando por consonante y que rime con «atormenta». Sorprende que Vera Tassis añada «Oh ingrata» para acompañar a «descontenta», creando varias sílabas supernumerarias. El verso «uno solo sin ella, ¡oh descontenta» ya es un endecasílabo impecable que rima con «atormenta». Lo que sobra es el adjetivo «ingrata» y sorprende que Vera Tassis introduzca esta enmienda con un adjetivo procedente de T, BL, AMS y JP. Parece más creíble admitir que Vera Tassis está repitiendo un verso incorrecto de la fuente que utiliza sin advertir la intrusión de un adjetivo innecesario y que altera la medida del verso. La enmienda de Rodríguez Cuadros: *uno sin ella, ¡Oh ingrata y descontenta* implica una alteración del original al suprimir un vocablo común a todas las variantes.

Más problemas presenta la otra propuesta de intervención en el verso 94. Transcribo la propuesta y análisis de Rodríguez Cuadros:

> BM: *ignorada la raya de la ventana*
> T, BL, AMS, JP, JP, GE: *ni ver la clara luz y soberana*
> Veamos que Vera Tassis escribirá*: ni ver la luz hermosa y soberana*
>
> Con lo que parece evidente que ha seguido el *stemma* de T. (pág. 93).

En realidad el problema es otro: el verso transmitido por BM no es ningún endecasílabo, sino una secuencia de doce sílabas de difícil explicación. A cambio, en un verso T (y derivadas) correcto métricamente y eficaz estéticamente hay que preguntarse la razón por la cual Vera Tassis lo altera innecesariamente. Solo se me ocurre una explicación coherente: que Vera Tassis no está modificando el verso T, sino enmendando un verso incompleto, del tipo: *ni ver la luz y soberana*. Secuencia a la que faltan varias sílabas y que se puede suplir añadiendo un adjetivo antepuesto o pospuesta al sustantivo «luz». La enmienda de Vera Tassis es atinada pero innecesaria y tan solo explicable si está enmendando un verso de medida incorrecta. Otra cuestión es cómo explicar el sorprendente verso de BM, que mantiene la rima, pero no la medida ni la lógica sintáctica ni semántica.

Mayores problemas aparecen en el análisis y propuesta de Rodríguez Cuadros para el verso 932:

> Asimismo VT se aproxima más al elegir la mayor corrección métrica del verso 932:
> BM: *Ea, ¿no es eso?*
> T, BL, AMS: *Ea, ¿no me dices eso?*
> VT: *todos, ¿no me dices eso?*

Esto me parece importante, porque VT podría así tener una hipotética base para su edición y no asentarse —como algunos se han empecinado en afirmar— en intuiciones restauracionistas más o menos hábiles. De ese modo VT se apartaría en momentos decisivos de BM (coincidentes con el texto tirsiano, por cierto) para darle a su edición una mayor impronta de la personalidad calderoniana.

Vayamos por partes, tanto BM como el conjunto T, BL, AMS comparten un mismo principio, bastante discutible: el comienzo del verso con un *«Ea»,* que tiene todo el talante de un ripio métrico. La enmienda VT, que implica un encabalgamiento de «todos» con el verso anterior tal vez no sea ninguna enmienda, sino la evidencia (conjetural) de que Vera Tassis está siguiendo un texto más correcto en este pasaje concreto que el que sigue la línea BM, T, BL, AMS, con una muy discutible apoyatura bisilábica. Concuerdo con Rodríguez Cuadros en que el cotejo de variantes demuestra que existe una edición perdida (tal vez una *suelta)* anterior a T, con límite probable entre 1675 y 1677.

Del relato bíblico al espectáculo teatral

El relato bíblico de las distintas tragedias relacionadas con la Casa de David ofrece distintas posibilidades dramáticas, exploradas con diversas perspectivas, desde Lope de Vega hasta Calderón, pasando por Mira de Amescua, Claramonte, Godínez y otros. Una vez restituido el verdadero texto calderoniano podemos abordar hasta qué punto sigue el marco narrativo establecido por el Segundo Libro de Samuel, desde el regreso de David y su general Joab tras haber aniquilado la ciudad de Rabbat o Rabata y descuartizado sin contemplaciones a sus habitantes[7]. El relato bíblico, tras la masacre de los ammonitas de Rabbat, se detiene minuciosamente en la historia de la violación o forzamiento de Tamar por su medio hermano Amón o Amnón.

> Sucedió después que Amnón, hijo de David, se enamoró de una hermana de Absalón, también hijo de David, llamada Tamar, la cual era en extremo hermosa; y creció tanto en él esta pasión que de amor suyo vino a enfermar, pues como Tamar era virgen, parecíale muy dificultoso poder hacer con ella cosa alguna deshonesta. Tenía Amnón un amigo que se llamaba Jonadab, hijo de Semnea, hermano de David, sumamente astuto. Díjole, pues, este a Amnón: ¿En qué consiste, príncipe mío, que de cada día te vas poniendo más flaco? ¿Por qué no te descubres conmigo? Respondiole Amnón: Estoy enamorado de Tamar, hermana de Absalón, mi hermano. Replicole Jonadab: Quédate en cama, como que estás malo, y cuando venga tu padre a visitarte, dile: Suplícote que venga mi hermana Tamar a darme la comida y me componga ella misma algún plato con

[7] «A los habitantes los sacó fuera y mandó que unos fuesen aserrados, haciendo pasar sobre otros narrias o carros con ruedas de hierro y despedazarlos con cuchillos y arrojarlos en los hornos de ladrillos» (2 Samuel, 12, 31).

que me alimente. Púsose, pues, Amnón en cama y empezó a fingirse enfermo; y habiendo venido el rey a visitarle, díjole Amnón: Ruégote que venga a veme mi hermana Tamar y que en presencia mía me haga un par de hojuelas que coma yo de su mano. Con esto David envió un recado a casa de Tamar y la hizo decir: Anda, ve a casa de tu hermano Amnón y hazle alguna cosa de comer.

Pasó Tamar a casa de su hermano Amnón, que estaba en cama, y tomando harina la amasó y, batiéndola, hizo a vista de él unos pastelillos y, después de cocidos, los puso en un plato y se los presentó. Mas Amnón no quiso comer y dijo: Salgan todos fuera de aquí. Salido que hubieron todos, dijo Amnón a Tamar: Entra la comida a mi aposento para que la reciba yo de tu mano. Cogió, pues, Tamar, los pastelillos que había aderezado y entróselos a su hermano Amnón en el aposento. Y así que le presentó el plato, asió de ella, diciéndole: Ven, hermana mía, duerme conmigo. La cual le respondió: No quieras hacerme violencia, hermano mío, no, pues no es esto permitido en Israel. Mejor será que hables al rey para casarte conmigo, que no rehusará entregarme a ti. Mas Amnón no quiso aquietarse con estos ruegos, sino que, prevaleciendo en fuerzas, la violentó y durmió con ella. Y enseguida la tomó tan extraordinaria aversión que era más intenso el odio que concibió contra ella que el amor con que antes la amaba, y así le dijo Amnón: Levántate y vete de aquí. Replicole Tamar: El ultraje que ahora me haces echándome de esta manera es mayor que el que me has hecho antes. Pero Amnón no quiso escucharla; antes, llamando a uno de sus criados, le dijo: Hazla salir de aquí y cierra tras ella la puerta. Estaba Tamar vestida de una ropa talar de varios colores, traje que acostumbraban usar las doncellas hijas del rey. El criado, pues, de Amnón, la hizo salir fuera del aposento y cerró tras ella la puerta.

Entonces Tamar, esparciendo ceniza sobre su cabeza y rasgando su ropa talar, se fue dando gritos y cubriéndose con ambas manos la cabeza. Díjola Absalón, su hermano: ¿Es acaso que tu hermano ha abusado de ti? Mas por ahora, hermana mía, calla, que al fin es hermano tuyo; no te desesperes por esa desgracia. Con eso, Tamar se quedó en casa de su hermano Absalón, consumiéndose interiormente de tristeza y dolor. Habiendo David oído este suceso, se afligió sobremanera, mas no quiso contristar el ánimo de su hijo Amnón porque le amaba muy particularmente por ser su primogénito. Absalón no habló de esto con Amnón ni en bien ni en mal, a pesar de que le tomó grande odio por haber violado a su hermana Tamar (2 Samuel, 12, 1-32).

Hasta aquí el relato bíblico, que consta de un violador, una víctima y un pérfido consejero, Jonadab; a ello se añade la intervención final del hermano latente, Absalón, que acoge a Tamar, en vista de que el rey David elude sus responsabilidades. La narración incluye tres pasajes dialogales, uno entre Amnón y Jonadab, otro entre Tamar y Amnón y otro entre Tamar y Absalón, que recibe a su hermana ultrajada y le aconseja que, por el momento, no busque venganza contra Amnón.

Esto es lo que corresponde al planteamiento o *plan* de la primera jornada del drama de Calderón, en lo que atañe a la trama principal. Drama construido según una perspectiva muy distinta del precedente texto de Claramonte titulado indistintamente *La venganza de Tamar* o *La fuerza de Tamar,* en donde *fuerza* se toma por 'forzamiento' o 'violación'. A cambio, el inequívoco título *Los cabellos de Absalón* nos avisa sobre la perspectiva con la que se ordenan los hechos: el castigo divino al hermoso, presumido y presuntuoso Absalón, que se ufana de su belleza y aguarda el momento idóneo para la sublevación contra su padre, previo asesinato de su medio hermano Amnón, alegando su crimen sexual previo.

¿Cómo se completa este esqueleto o cañamazo argumental construido sobre solo cuatro personajes hasta insertarlo en una historia que lleva por título un sintagma que alude a la célebre y dramática muerte de Absalón, colgado de una encina tras enredarse en sus ramas sus largos cabellos? Se completa asignando, en primer lugar, a Jonadab el papel de figura del donaire; y, en segundo lugar, completando la trama principal con una trama secundaria basada en otros personajes que merodean por otros vericuetos del relato bíblico: el primero de ellos, siguiendo el orden de aparición en escena, es Aquitofel, sinuoso personaje que, desde el comienzo de la obra, aparece ya como un hombre de dos caras. Aquitofel o Ahitofel, según las traducciones, aparece en realidad tardíamente en el relato bíblico y su introducción al comienzo de *Los cabellos de Absalón* resulta muy significativa.

En el relato bíblico Aquitofel aparece como alguien que se ha pasado al bando del ganador: «recibió aviso David de que Aquitofel entraba también en la conjuración de Absalón» (2 Samuel, 15, 31). Sabiendo que su papel es el de traidor, en la obra de Calderón Aquitofel se muestra como traidor desde la escena inicial; en primer lugar aparece como un resentido, explicando en un *aparte* que «habiendo sido yo leal soldado / no fui de una razón galardonado» (vv. 47-48) y a continuación es el único que le cuenta a David lo que sucede con Amón. Más tarde acompaña a Joab poco antes de la llegada de Semey con Tecua (Teuca, según el texto tardío) y es testigo de que «sus cabellos y sus ropas / está arrancando y rompiendo». La escena es larga, aunque Aquitofel interviene poco, tan solo media docena de réplicas. Su siguiente aparición es ya en compañía de Absalón, lo que permite conjeturar que el texto puede tener alguna laguna. En cualquier caso se trata de un personaje trágico, que va a *desesperar,* púdico eufemismo que corresponde a 'suicidarse'. El texto de Calderón desarrolla este itinerario dramático que va del despecho al suicidio, pasando por su traición al pasarse a las filas del rebelde Absalón en su enfrentamiento con David. Aquitofel es el traidor castigado, mientras que Cusay (deturpado en Ensay en el texto tardío de la obra) es el servidor fiel del rey legítimo. Ambos forman una pareja de contraste que inserta su conflicto dramático en una de las subtramas.

Tecua o Tecoa (en la transmisión: Tecua), la fitonisa o pitonisa, permite introducir a la segunda dama y explorar, a partir de ella, aspectos fuertemente cómicos o eutrapélicos, del personaje de Jonadab. El primero de todos, convertir a Tecua en negra, cosa que no aparece en la fuente bíblica como tal, sino como «la mujer sagaz de Tecua». El pasaje bíblico solo nos dice que Joab «envió a Tecua e hizo venir de allí una mujer sagaz, a la cual dijo: Finge que estás de duelo y ponte un vestido de luto y no te unjas, a fin de que parezcas mujer que hace muchísimo tiempo que está de duelo por un difunto» (2 Samuel, 14, 2).

En la obra previa de Claramonte, *La venganza de Tamar,* el personaje paralelo tiene un perfil extraño y un nombre muy distinto: se llama Laureta, aparece con un tabaque de flores y se dice de ella que «tiénenla por pitonisa», pero en escena no ejerce como tal. Si nos atenemos al texto real de Calderón en *Los cabellos de Absalón,* prescindiendo de la intrusión de la falsa «segunda jornada», Tecua hace el papel de segunda dama y tiene presencia escénica desde la primera jornada. En esa primera jornada, Tecua, la «divina etiopisa» es negra, como etíope, y la trae Semey como botín y regalo para David. Desde su fugaz aparición en escena queda claro que se trata de una mujer con espíritu profético, habitada por un demonio, que efectivamente tiene capacidad para predecir hechos futuros por medio de un trance, frenesí o delirio. Es una única escena, pero ciertamente fulgurante e inolvidable. En el relato bíblico es personaje principal, una mujer sagaz del pueblo de Tecua. En *Los cabellos de Absalón,* Calderón le introduce algo antes del final de la primera jornada, de modo que, cuando, ya en la segunda jornada, se ajusta al relato bíblico, el personaje ya ha sido fijado y presentado por Calderón como una fitonisa etíope. Es pura creación calderoniana y probablemente para ser representada por una actriz negra, que ya las había hacia 1625. El original bíblico es exactamente como sigue:

> Advirtiendo, pues, Joab, hijo de Sarvia, que el corazón del rey se inclinaba ya a Absalón, envió a Tecua e hizo venir de allí una mujer sagaz, a la cual dijo: Finge que estás de duelo y ponte un vestido de luto y no te unjas, a fin de que parezcas ser una mujer que hace muchísimo tiempo que está de duelo por un difunto. Y te presentarás al rey y le dirás esto y esto. Y la instruyó Joab en todo lo que había de decir. Así pues, presentándose la mujer de Tecua al rey, postrose en tierra delante de él y haciéndole profunda reverencia le dijo: Oh, rey, sálvame. Díjola el rey: ¿Qué es lo que tienes? ¡Ay de mí! —respondió ella— soy una mujer viuda, pues se me ha muerto mi marido. Tenía tu sierva dos hijos que riñeron entre sí en el campo, donde no había nadie que pudiese separarlos y el uno hirió al otro y le mató. Y he aquí que ahora toda la parentela, conjurándose contra tu sierva, dice: Entréganos al que mató a su hermano, para hacerle morir en vanganza de la sangre de su hermano, a quien quitó la vida, y acabemos con ese heredero. De esta suerte pretenden extinguir la sola centella que me había quedado, para que no reste de mi marido nombre ni reliquia sobre la tierra. Respondió el rey a la mujer: Vete a tu casa, que yo daré providencia en favor tuyo. Replicó la mujer tecuita al rey: Recaiga sobre mí la culpa, oh, rey y señor mío, y sobre la casa de mi padre y queden sin ella el rey, y su trono. Dijo el rey: si alguno se metiere contigo, hazle venir delante de mí, que no se atreverá a incomodarte más. Añadió ella: Por el señor dios suyo, pido al rey que reprima con su autoridad la multitud de parientes que quieren vengar con la muerte de mi hijo la sangre del difunto, y haga que no le maten de manera alguna. Díjola el rey: Vive Dios que no caerá en tierra ni un cabello de tu hijo.
>
> Dijo entonces la mujer: Permita mi rey y señor que esta sierva suya le hable una palabra. Habla, respondió el rey. Dijo, pues, la mujer: ¿Cómo, señor, has pensado tú hacer lo mismo en daño del pueblo de Dios y por qué ha resuelto el rey hacer ese mal en lugar de hacer volver a su hijo del

destierro? Todos nos vamos muriendo y deslizando como el agua derramada por tierra, la cual nunca vuelve atrás; ni Dios quiere que perezca ningún hombre, antes bien, está propenso siempre a revocar la sentencia, a fin de que no perezca enteramente el que está abajo. Por esto, pues, he venido yo ahora a proponer a mi rey y señor esta súplica, en presencia del pueblo. Porque dijo tu sierva: Hablaré al rey, a ver si de algún modo puedo obtener la gracia que le pediré. En efecto el rey me la ha otorgado, librando a su sierva de las manos de todos aquellos que intentaban exterminarnos a mí y a mi hijo de la heredad o pueblo de Dios. Conque bien podrá suplicar tu esclava que la palabra del rey mi señor a favor de mi hijo se cumpla a favor de Absalón, como un sacrificio acepto a Dios, porque mi señor el rey es como un ángel de Dios, que no se mueve ni por bendiciones o aplausos, ni por maldiciones. De aquí es que el señor Dios tuyo está contigo.

A lo que respondiendo el rey, dijo a la mujer: No me ocultes nada de lo que voy a preguntarte. Y ella: Hablad, mi rey y señor. ¿No es verdad —prosiguió el rey— que todo lo que me has dicho es cosa dispuesta por Joab? Respondió la mujer y dijo: Por vida tuya (que Dios conserve), oh, mi rey y señor, que has dado directamente en el blanco, pues realmente tu siervo Joab es el mismo que me lo ha mandado y el que ha puesto en boca de tu sierva todas las palabras que te he dicho. La parábola de que me he valido, quien la ha dispuesto ha sido tu siervo Joab. Mas tú, oh, rey mi señor, eres sabio como lo es un ángel de Dios, para entender todas las cosas del mundo. Dijo entonces el rey a Joab: Concedo la gracia que pides: anda, pues, y haz volver a mi hijo Absalón. Aquí Joab, postrándose en tierra sobre su rostro, hizo una profunda reverencia al rey, diole las gracias y añadió: Oh, rey y señor mío, hoy ha reconocido tu siervo que ha hallado gracia en tus ojos, pues que has otorgado la súplica que te he hecho.

En seguida levantose Joab y pasó a Gesur, de donde se trajo a Absalón a Jerusalén. Pero el rey había dicho: Vuelva a su casa, mas no comparezca en mi presencia. Volvió, pues, Absalón a su casa, mas no vio la cara del rey (2 Samuel, 14, 1-24).

Hasta aquí, el episodio central de la obediente colaboración de la lugareña de Tecua según el relato bíblico. Su transformación en sibila negra etiópica o etiopisa pertenece ya al ingenio de Calderón y tiene una función interna en el relato: además de actuar como correveidile de Joab, tiene una función cómica como contrapunto involuntario del pavor que siente Jonadab ante su negra presencia. Podemos aventurar la hipótesis de que, en origen, la escena entre el asustadizo e histriónico Jonadab y la etiopisa Tecua era seguramente más extensa y ha sido recortada por los distintos responsables de la transmisión, desde la compañía que la estrenó hasta el editor que imprimió el texto que sigue Vera Tassis. Esto, en lo que atañe a la trama principal de la comedia, la que se ajusta al relato bíblico. Otra cosa es la trama o tramas secundarias, donde Calderón tiene más libertad creativa, que no se reduce solo al entorno cómico de Jonadab y sus avatares.

El segundo acto, la muerte de Amón y dos hipótesis sobre el texto perdido

En la hipótesis que estamos proponiendo el comienzo del segundo acto, según nos ha sido transmitido, empezaría con un muy extenso romance (432 versos) en asonancia *e-a* y el relato de la muerte de Amón a manos de Absalón habría sido suprimido. Lo primero es formalmente muy poco habitual en Calderón, y lo segundo resulta sorprendente en cuanto a la lógica del relato conforme a su fuente bíblica. El relato de la muerte de Amón en la fuente bíblica es así:

> Al cabo de dos años acaeció que Absalón hacía el esquileo de sus ovejas en Baalasor, que está cerca de la ciudad de Efraím o Efrém y convidó Absalón a todos los hijos del rey. A este fin fue a ver al rey y le dijo: Te hago presente que se esquilan las ovejas de tu siervo; venga, pues, te suplico, el

rey con sus criados a la casa de su siervo. Respondió el rey a Absalón: No quieras, hijo mío, no quieras pretender que vayamos todos, pues te sería muy costoso. Y como le hiciese nuevas instancias, David rehusó siempre ir y echole su bendición. Mas Absalón replicó: Ya que tú no quieres venir, venga, te suplico, con nosotros a lo menos mi hermano Amnón. Díjole el rey: No hay necesidad de que vaya contigo. Al fin le importunó tanto Absalón, que dejó ir con él a Amnón con todos sus hermanos. El convite que Absalón tenía dispuesto era como un banquete de un rey. Y había ordenado y dicho a sus criados: Estad alerta y cuando Amnón estuviese tomando del vino, y os diere yo la señal, heridle entonces y matadle; no tenéis que temer, que yo soy el que os lo mando. Coraje y portaos como valientes. Hicieron, pues, los criados de Absalón lo que este les habia mandado contra Amnón. Con lo que, levantándose de la mesa todos los hijos del rey, montaron cada uno en su mula y echaron a huir.

Estando todavía en el camino, llegó a oídos de David el rumor de que Absalón había asesinado a todos los hijos del rey, sin quedar ni siquiera uno solo. Levantose al instante el rey y rasgó sus vestidos y postrose sobre la tierra y se rasgaron asimismo los vestidos todos los criados que le asistían. Entonces Jonadab, hijo de Semmea, hermano de David, dijo al rey: No se imagine el rey mi señor que hayan sido asesinados todos los hijos del rey; solo Amnón es el que ha perecido, porque Absalón tenía jurado perderle desde el día en que violó a Tamar, hermana suya. No piense, pues, ni dé crédito el rey mi señor a esa voz que corre de que todos los hijos del rey han sido asesinados, porque solo Amnón es el que ha muerto. Entre tanto se escapó Absalón. Un criado que estaba de atalaya, tendiendo la vista, vio venir mucha gente por un camino extraviado al lado del monte. Dijo entonces Jonadab al rey: Mira allí los hijos del rey; conforme lo ha dicho tu siervo, así ha sucedido. Apenas acabó de hablar cuando se dejaron ver también los hijos del rey y, luego que llegaron, alzaron el grito y echaron a llorar. Deshacíanse asimismo en lágrimas el rey y todos los criados. Absalón, empero, huyó y fue a refugiarse

> en casa de Tolomai, hijo de Ammiud, rey de Gesur. Y David lloraba continuamente a su hijo. Permaneció Absalón tres años en Gesur después que huyó, y se retiró allí.
>
> Al cabo, el rey David dejó de perseguir a Absalón, por habérsele templado la pena de la muerte de Amnón (2 Samuel, 13, 23-39).

Esto es lo que el relato bíblico nos cuenta y esto es lo que una comedia o tragedia sobre la historia de Tamar, Amón y Absalón, debería mostrar. Sin embargo esto es lo que estaría omitido en la transmisión textual de *Los cabellos de Absalón,* si no se hubiera recurrido a suplir la ausencia de ese pasaje con la inserción del tercer acto de *La venganza de Tamar.* La hipótesis que estamos proponiendo asume que en la segunda jornada ha sido omitido todo ese episodio, que debería tener una extensión en torno a los 500 o incluso 700 versos. Y que esa omisión no es cosa de Calderón, sino de la última compañía que representó la obra y la vendió a un impresor hacia 1675. Una escena probablemente resuelta en redondillas o en quintillas o tal vez en una secuencia mixta que combinara estas dos formas con alguna otra. Resultaría sorprendente que un hecho de tal envergadura dramática hubiese sido omitido por Calderón en su texto originario, máxime habida cuenta de que él sigue la disposición del relato bíblico en lo que es la trama principal, la que afecta a Tamar, Amón y Absalón.

La creación de Jonadab como gracioso

En el relato bíblico, Jonadab, hijo de Semmea o Simea, es el consejero principal del príncipe Amnón; es un personaje astuto y sin escrúpulos, pero no es ningún gracioso. En *La venganza de Tamar,* representada por la compañía de Juan Jerónimo Valenciano antes de 1628, Jonadab y Eliazer son servidores del séquito de Amón, pero Jonadab no tiene ningún rasgo que permita asignarle el papel de gracioso. Es más bien Eliazer el que podría ser propuesto para ese papel, ateniéndonos a réplicas como «me han puesto las dos lunadas / como ruedas de salmón». Las dos lunadas son las dos nalgas y Eliazer, que ha venido a lomos de un caballo de postas, ha terminado con su tafanario tirando a colorado, tal que un salmón. Covarrubias, con su habitual gracejo, alude a que «la lunada es la media anca... está corrompido de clunada *a nomine latino clunis,* la nalga; y así la llaman algunos nalgada». Eliazer es un buen candidato a figura del donaire, a diferencia de Jonadab, sutil y artero pero en nada gracioso. Calderón, si es que su obra tiene como referente previo *La venganza de Tamar,* puede haber indagado en estos aspectos. En cualquier caso, inspirado o no por Eliazer, Calderón modifica radicalmente el perfil dramático de Jonadab y lo transforma en un gracioso radical, que roza la chanza entremesil cada vez que se le menciona a la etiopisa negra. La composición de Jonadab como figura del donaire es creación específica de Calderón y tiene un tono de gracioso de entremés, que lo aproxima al desvergonzado Cosme Catiborratos de *La dama duende,* y de ciertos graciosos de sus mojigangas y entremeses. Incluyendo, como se ha visto, las alusiones escatológicas o procaces. Transformar al Jonadab artero del relato bíblico en el Jonadab festivo de *Los cabellos de Absalón* es una operación teatral de notable enjundia y eficaz resultado.

El perfil inicial sobre el que se construye el personaje es el de un fanfarrón que se ufana de su cercanía al poder, es el valido de Amón y se presenta al espectador como valido de su amo, con licencia para criticar o poner en solfa su conducta:

AMÓN. Jonadab, ¿fuéronse ya?
JONADA. Sí, señor: unos tras otros,
como suelen los dineros
de quien gasta poco a poco,

> que piensa que no hace mella
> ahora un real y luego otro
> y cuando menos se cata
> halla el talego más gordo
> hecho esqueleto de angeo.

El donaire de Jonadab se basa en el uso de imágenes cómicas, pero también, como deja claro en su siguiente intervención, en el uso de vocablos del léxico médico, como *saturnino* o *hipocondrio,* que en habla llana valen por 'melancólico' y 'desmedido':

> que no es rato muy gustoso
> el de un amo cuando está
> saturnino e hipocondrio

A ello se añade una malicia bufonesca cuando alude a que la taciturna conducta de su amo solo tiene una explicación: «sin duda eres sodomita». Pero la verdadera entidad cómica de Jonadab aparece cuando se ve frente a Tecua, no por su carácter de etiopisa o sus dotes de vaticinio, sino por el hecho de ser negra. A Tecua le da un «frenesí, un letargo», es decir, entra en trance y rompe sus ropas y arranca sus cabellos y comienza a vaticinar el futuro de los hijos de David. En toda esta larga e intensa escena del primer acto Jonadab se mantiene mudo, lo que no quiere decir que no manifieste en escena el temor o terror que le está causando el hecho de que sea de color negro y que acompañe sus vaticinios en trance con una conducta desaforada. De ahí que ya en el tercer acto (o el segundo según la hipótesis que manejamos) veamos a un nuevo Jonadab tras la muerte de Amón.

Conforme a esta hipótesis, la segunda jornada de *Los cabellos de Absalón* debería desarrollar lo que el Segundo Libro de Samuel nos cuenta sobre la muerte de Amón a manos de los criados de Absalón y también lo que las tramas secundarias (al menos dos distintas: la de Aquitofel y la de Tecua y Semey) plantean en la primera jornada y desarrollan en la tercera. Es decir: lo que el *autor* de compañía previo a Sanz y Vera Tassis sustituye por el procedimiento de insertar, algo modificada, la parte de la historia que culmina en el banquete de Absalón en Baalasor o Baalhazor. Esto afecta a la transformación de Jonadab en figura del donaire. Nos falta la transición, pero conocemos el resultado final: un Jonadab al que la mención de Tecua lo sume en un cómico pavor y al que las malas intenciones de Tamar para con él le hacen revelar su faceta festiva. El perfil del mordaz consejero áulico del Amón de la primera jornada se transforma en el epítome del cobarde desvergonzado. Al comienzo del tercer acto Jonadab ya apunta sobre Tecua que «la naturaleza, / por la muerte de lo rubio / le dio un luto de bayeta» y poco más adelante, cuando la negra enlutada se presenta ante David, Jonadab no deja de quejarse: «A esta negra endemoniada / ¿no le bastaba ser negra?», añadiendo en un *aparte* lo que es su temor: «¡Qué fuera de ver que ahora / la diera la pataleta!». La fitonisa se ha convertido en la manifestación del diablo y cuando Semey le obliga a acompañarla, Jonadab murmura: «Si va el diablo / ¿para qué he de ir yo con ella?». A partir de ahí lo que Calderón explora y explota es el pavor irracional que aqueja a Jonadab, el demonio endemoniado y el diablo que se endiabla.

Supresiones, añadidos y alteraciones

Para aquilatar hasta qué punto puede modificarse un texto por la intervención de una compañía conviene detenerse en un caso muy revelador, pero muy poco transitado: la alteración del final de *La venganza de Tamar* por la compañía cuyo texto acaba siendo editado a nombre de Felipe Godínez. En principio se supone que el desenlace de una comedia debería ser lo suficientemente claro y rotundo como para que no se produjeran modificaciones por parte de una compañía. Sin embargo el cotejo entre el final del texto en la edición que lo atribuye a Tirso y en la que lo imprime a nombre de Godínez ofrece un claro mentís a esta suposición gratuita.

TEXTO ATRIBUIDO A TIRSO

Descúbrense aparadores de plata, caídas las vajillas y una mesa llena de manjares y descompuesta, los manteles ensangrentados y Amón sobre la mesa, asentado y caído de espaldas en ella, con una taza en una mano y un cuchillo en la otra, atravesada por la garganta una daga, y salen Abnasalón y Tamar.

ABSALÓN. Para ti, hermana, se ha hecho
el convite; aqueste plato
aunque de manjar ingrato,
nuestro agravio ha satisfecho;
hágate muy buen provecho.
Bebe su sangre, Tamar;
procura en ella lavar
tu fama, hasta aquí manchada:
caliente está la colada,
fácil la puedes sacar,
a Gesur huyendo voy,
que es su rey mi agüelo y padre
de nuestra injuriada madre.

TAMAR. Gracias a los cielos doy
que no lloraré desde hoy
mi agravio, hermano valiente;
ya podré mirar la gente,
resucitado mi honor,
que la sangre del traidor
es blasón del inocente.
Quédate, bárbaro ingrato,
que en buen túmulo te han puesto:
sepulcro del deshonesto
es la mesa, taza y plato.

ABSALÓN. Heredar el reino trato.

TAMAR. Déntele los cielos bellos.

ABSALÓN. Amigos tengo y por ellos,
como dijo la mujer,
todo Israel me ha de ver
en alto por los cabellos.

Vanse y encúbrese la apariencia,
Sale el rey DAVID, *solo.*

DAVID. Amón, príncipe, hijo mío,
si eres tú, pide al deseo
albricias, que los instantes
juzga por siglos eternos.
Gracias a Dios que a pesar
de sospechas y revelos,

TEXTO ATRIBUIDO A GODÍNEZ

Descúbrese Absalón a un lado, colgado por los cabellos, passado con una lança y Amón muerto encima de una mesa, entre platos y jarros, con mucha sangre del otro lado.

DAVID. ¡Ay, Absalón, hijo míos
antes me aflige tu pena
que la de Amón, con ser tú
la causa que me destierra.
De mi quietud y mi gozo
nunca pensé yo que hubiera
quien se atreviera a matarte
sin que a mí la muerte diera.
Tu arrepentimiento quise,
no tu muerte, pues me queda
agora el dolor de verte
muerto en mis desobediencias.
¡Ay, Absalón, fili mi!
Ay, Absalón, y tú, prenda
tan mitad del corazón,
hijo Amón, ¿quién tal creyera
que este día me faltaba?
Mas vengan trabajos, vengan,
vengan penas y rigores
prueben en mí ya sus fuerzas,
que pues Dios me dio los hijos
y Él me los quita, paciencia.
¡Ay, Absalón y Amón, y quién pudiera
decir llorando lo que siente y pena!

THAMAR. ¡Ay, querido Absalón mío!
Si he de ver tu muerte fiera
no me acaban los rigores
sin duda que soy de piedra,
si no es que ocupada el alma
toda en sentir mis afrentas
para que tu muerte llore
no da a mi dolor licencia.
Y tú, príncipe cruel
que con tirana violencia
has causado tantos daños,
plega a los Cielos que tengas
pena a mi deshonra igual,
y pluguiera a Dios volvieras

que tu vista restituyo
la vida que sin ti pierdo.
¿Cómo vienes?¿Cómo estás?
¿Podré, enlazando tu cuello,
imprimir lirios en rosas,
guarnecer oro en acero?
Va a abrazar el viento.
Dame los amados brazos.
¡Ay, engaños lisonjeros!
¿Por qué, con burlas pesadas,
me hacéis abrazar los vientos?
Como la madre acallando
al hijo que tiene al pecho
me enseñas la joya de oro
para escondérmela luego.
Como en la navegación,
prolija en celajes negros,
fingidos montes me pintas
siendo mentiras de lejos.
Como fruta de pincel,
como hermosura en espejo,
como tesoro soñado,
como la fuente al enfermo,
burladoras esperanzas
engañáis mis pensamientos
para acrecentar pesares,
para atormentar desvelos.
Amón mío, ¿dónde estás?
Deshaga el temor los celos
el sol de tu cara hermoso,
remoce tu vista un viejo.
¿Si se habrá Absalón vengado?
¿Si habréis sido, como temo,
hijo caro de mis ojos,
de sus esquilmos cordero?
No, que es vuestro hermano, en fin,
la sangre hierve sin fuego.
Mas ¡ay!, que es sangre heredada
de quien a su hermano mesmo
vendió y llorará David
como Jacob, en sabiendo
si a Josef mató la envidia
que a Amón la venganza ha muerto.
¿Absalón no me juró
no agraviarlo? ¿De qué tiemblo?
Pero el amor y el agravio
nunca guardan juramento.
La esperanza y el temor,
en este confuso pleito
alegan en pro y en contra:
¡sentenciad en favor, Cielos!
Caballos suenan ¿si son
mis amados hijos estos?
Alma, asomaos a los ojos,
ojos, abríos para verlos.
Grillos echa el temor frío
a renacer muchas veces
como el hijo de la tierra,
por que, teniendo más vidas,
más veces muerte te diera!
Que, cuando faltaran armas,
tanto mi rabia me alienta,
que a bocados, con los dientes
como leona que intenta
cobrar sus perdidos hijos,
vengando en ti mis afrentas
con mis manos te ahogara,
con mi aliento te encendiera,
con mis ojos te abrasara
y con mis ansias murieras.
Ay, fuego, ay, rabia, ay, pena,
muriendo vivas, pues que vivo muerta!

DAVID. Deja, hija, el sentimiento.

THAMAR. ¡Ay, padre, que es tan de veras,
que aun con ver muerto al traidor
dudo si es su muerte cierta.
Y por salir de esta duda
y dar alivio a mis quejas
de nuevo darle la muerte
intento.
Va THAMAR *con un cuchillo de la mesa a dar a Amón.*

DAVID. ¡Ay, hija, espera,
que bien tu honor has vengado.
da lugar a la prudencia
y no tanto de la ira
te debes llevar.

JOAB. ¡Qué pruebas
tan de perfecto varón!

DAVID. Cubrid los cuerpos, que es fuerza
Que demos lugar al llanto
mientras su entierro se apresta,
Thamar, para que ahora al luto
dé lugar nuestra tristeza.
Cúbrense los cuerpos.
De tus bodas y quietud
y del reino que hoy hereda
mi querido Salomón,
como padre tendré cuenta.

THAMAR. Sea como tú ordenares
y aquí, senado, contenta
por que perdonéis sus faltas
da Thamar fin a sus quejas.

a los pies, cuando el deseo
se arroja por las ventanas.
Salen muy tristes, ADONÍAS *y* SALOMÓN.

DAVID. Hijos...
ADONÍAS. Señor...
DAVID. ¿Venís buenos?
¿Qué es de vuestros dos hermanos?
¿Calláis? Siempre fue el silencio
embajador de desgracias.
¿Lloráis? Hartos mensajeros
mis sospechas certifican
¡Ay, adivinos recelos!
¿Mató Absalón a su hermano?
SALOMÓN. Sí, señor.
DAVID. Pierda el consuelo
la esperanza de volver
al alma, pues a Amón pierdo.
Tome eterna posesión
el llanto por que sea eterno
de mis infelices ojos
hasta que los deje ciegos.
Lástimas hable mi lengua,
no escuchen sino lamentos
mis oídos lastimosos.
¡Ay, mi Amón! ¡Ay, mi heredero!
Llore tu padre con Jacob diciendo:
¡Hijo, una fiera pésima te ha muerto!
AUTOR. Y de Tamar la historia prodigiosa
acaba aquí en tragedia lastimosa.

La primera observación pertinente está en recordar qué número de versos tiene esta versión tardía, impresa a nombre de Godínez: tiene 2239 versos, es decir, una extensión muy similar, incluso inferior al número de versos de *Los cabellos de Absalón,* una vez excluido ese segundo acto postizo, procedente de *La venganza de Tamar.* El primer acto consta de 665 versos, el segundo de 864 y el tercero consta de solo 736 versos. Si se comparan estas cifras con las de nuestra edición de *Los cabellos de Absalón* parece claro que la situación es similar: lo que subsiste de cada uno de los tres actos fluctúa entre 660 versos y algo menos de mil. Esto avala la hipótesis de que, cincuenta años después de la fecha de su creación, el texto ha sido amputado de la cuarta parte en extensión de su original primigenio, manteniendo la legibilidad y la consistencia teatral del relato al conservar todos los actos por encima de 650 versos. Y en el caso de la versión editada a nombre de Godínez, parece claro que una compañía teatral explota sin ningún reparo su facultad de modificar el texto a su antojo. La diferencia es que la última transmisión del texto de *Los cabellos de Absalón* corresponde a una compañía que ha decidido completar un texto tan recortado por el procedimiento de insertar, adaptada y retocada en algunos pasajes, una jornada entera de *La venganza de Tamar,* en la idea de que con ello se recupera la duración habitual del espectáculo. En realidad ese inserto ajeno al autor no solo evidencia la intervención de la compañía para modificar las quintillas en donde Eliazar se modifica en Eliacer; también deja huellas de la tropelía en el desajuste creado en el *dramatis personae* original. El inserto del tercer acto de *La venganza de Tamar* es eficaz en cuanto al tiempo de representación de una compañía teatral, pero resulta muy comprimido en la lógica del relato y en el hilvanado de los personajes femeninos, que no aparecen en el elenco de *Los cabellos de Absalón.*

La intrusión de Eliezer como Eleazar, ajena a Calderón

Si nos atenemos a la hipótesis de que el segundo acto es una inserción de mano ajena al autor, se aclara un pequeño misterio del *dramatis personae* y del tratamiento calderoniano de la historia, distinto al de *La venganza de Tamar.* En resumen, Eliezer es un personaje secundario, pero constante en *La venganza,* pero no existe ya como personaje en el texto seguro de Calderón: solo aparece, con el nombre alterado, en esa segunda jornada inserta en la edición tardía de los años 70, la fuente común a T y a VT. Veamos, en primer lugar, qué tipo de personaje es Eliezer en *La venganza de Tamar,* donde aparece ya en los primeros versos de la obra: Eliazer acompaña a Jonadab en su escena inicial con Amón y, de hecho, tiene más papel que Jonadab: tres réplicas, con un total de 15,5 versos, frente una sola réplica de Jonadab, de 6,5 versos.

El triple de intervenciones y más del doble de versos. En la escena contigua se mantiene y amplía esta proporción: Eliazer tiene hasta veinte intervenciones, con un total de 46,5 versos frente a solo siete réplicas de Jonadab con catorce versos en total. Jonadab dispone de veinte versos y Eliazar de 62. Y el papel de gracioso es inequívocamente el de Eliazar, como prueban estas tres réplicas:

ELIAZAR. No, a lo menos para mí.
Doilas a la maldición,
que batanando jornadas
me han puesto las dos lunadas
como ruedas de salmón.

ELIAZAR. Mas ¿si estuvieres preñado?

ELIAZAR. Vamos y a subir empieza.
(En dándole en la cabeza
una cosa, no podrán
persuadirle a lo contrario
catorce predicadores.)

No puede caber ni la más leve duda de que Eliazer es el gracioso en *La venganza de Tamar* si atendemos al hecho evidente de que en la segunda jornada dispone de una muy extensa intervención cómica y satírica que, por cierto, ha sufrido una censura drástica en las ediciones en las que la obra se atribuye a Godínez y a Tirso. El pasaje ha sido conservado gracias al manuscrito de 1632, que, además del centenar de versos que comparte con esas dos ediciones, incluye el siguiente pasaje de virulenta crítica a la lubricidad de algunos médicos:

«Perdí, son suertes voltarias
las de los dados. Mas ¿vos
jugáis?». «Con una muchacha»,
respondió, «de catorce años.
Fuila a ver una mañana,
enferma de opilaciones;
hallela sola en la cama,

tentela el pulso y los pechos,
y esto del tacto arrebata
los apetitos tras sí.
Díjela ciertas palabras
que luego puse por obra
y al fin ya está gorda y sana.
Hale parecido bien
mi olor, talle, gusto y habla
y de mi amor está enferma».
«¿Gozáisla?», No, sino al alba.
Extremado es nuestro oficio,
no hay para él puerta cerrada
ni más segura ocasión.
La mujer más recatada,
que da a quien muere por ella
adarme y medio de cara
tras un año de servicios
por un manto alambicada,
nos abre al primer achaque
puerta al apetito franca,
haciendo brindis al gusto,
moza y desnuda en la cama.

En las dos ediciones, tanto a nombre de Tirso como de Godínez, este pasaje ha sido suprimido. Y modernamente, la edición de Pilar Palomo y Teresa Prieto también omite el pasaje, sin indicar en las notas previas que ese pasaje está omitido en la *Tercera parte* de comedias de Tirso, donde hay, como mínimo, cuatro comedias que no son del fraile Téllez, sino de Mira de Amescua, Claramonte y Ana Caro. En todo caso, a partir de este cotejo entre los varios textos transmitidos, parece clara la necesidad de replantearse si, metodológicamente, es una idea sensata el asumir que *La venganza de Tamar* pueda ser obra de Téllez y si la transmisión ha deteriorado previsiblemente este texto en los cincuenta años anteriores a la publicación de *Los cabellos de Absalón.* En este sentido, lo más llamativo es la sustitución del personaje de Eliazer por un clon llamado Eliazar, que ya Rodríguez Cuadros en su edición apostilla como

Eliazar *sic,* para anotarlo como Eliaz[e]r en la acotación inicial del segundo acto. En realidad en el extenso relato bíblico sobre el tiempo de David no consta la existencia de ningún Eliazar, ni Eliezer. En *La venganza de Tamar* Eliazar acompaña a Jonadab en los tres actos; pero en cambio Calderón, en el texto que realmente sabemos que es suyo (las jornadas primera y tercera), no habla nunca de este personaje. Aparece solo en el segundo acto inserto por el editor tardío, seguramente siguiendo una decisión práctica del *autor* de la compañía que lo representó en el tercer cuarto de siglo. A cambio, en *Tamar* Eliazer es un personaje constante que aparece en todos y cada uno de los tres actos. En el auténtico texto calderoniano no está. Solo está en el acto impostado, inserto, que procede de manipular el tercer acto de la obra atribuida a Claramonte, Godínez y Tirso. Y tampoco está en el relato bíblico, donde sí están el resto de los personajes que usa Calderón para su comedia bíblica. Pero ¿cuál es la presencia escénica de este Eliezer en el segundo acto impostado? Casi inexistente: tiene dos réplicas que hay que hallar con lupa o con microscopio:

> 1) Señor...
> 2) ¿Víbora y peste? ¿Qué es de ella?

En total, un octosílabo completo y un bisílabo de fugaz réplica. Es un personaje ectoplasma.

Ensay es Cusay y Teuca es Tecua: un problema de mala transmisión textual

En los cincuenta años que van desde la creación calderoniana hasta su tardía edición en torno a 1677 no solo la disposición del texto ha sufrido variaciones; también la onomástica. La rutina ha hecho repetir en casi todas las ediciones[8]

[8] Con la excepción de Francisco Ruiz Ramón, que asume el cambio onomástico.

hasta la fecha los nombres de Ensay y Teuca, que corresponde a los nombres bíblicos de Cusay y la mujer de Tecoa o Tecua. No hay razones para pensar que Calderón haya trastocado los nombres bíblicos originarios mientras que la evidencia de que en la transmisión han intervenido manos ajenas (el último *autor* empresario teatral que usó el texto) apunta a que en algún momento de la transmisión los nombres de Tecua y Cusay acabaron siendo modificados en Teuca y Ensay. La explicación más sencilla es la mala transmisión en el manuscrito previo a la edición de 1677: una metátesis para Tecua/Teuca y una confusión de la sílaba inicial de Cusay, leída como Ensay. En las traducciones de la Vulgata y de los distintos textos en castellano, desde la más antigua de Casiodoro de Reina y Cipriano de Valera hasta las últimas del siglo xx, los nombres son muy claros: «Intelligens autem Joab filius Sarviae, quod cor regis versum esseet ad Absalom, misit Thecuam, et tulit inde mulierem sapientem» *(Regum,* 2, XIV, 1-2), que en román paladino viene siendo «Advirtiendo, pues Joab, hijo de Sarvia, que el corazón del rey se inclinaba ya a Absalón envió a Tecua e hizo venir de allí una mujer sagaz» (2 Samuel, 14, 1). Esto es inequívoco: Tecua o Teuca no es un patronímico, sino un topónimo. Y la sílaba inicial es *Te,* que en la transmisión a la lo largo de medio siglo acaba sufriendo una metátesis que la hace pasar a *Teu,* provocando el cambio del nombre en Teuca. El caso de Cusay es simplemente la transcripción de lo que en la *Vulgata* se acaba llamando 'Chusai'; «et inter alios Chusai remittitur, et dissipaturus consilium Achitophel», que creo innecesario traducir. La restitución de los nombres bíblicos conforme a sus traductores no afecta en nada a los posibles casos de modificación de la medida del verso. En este último caso adopto la variante Cusay, que es la que, deturpada por una transmisión montaraz acaba siendo impresa como Ensay, salvo en la edición de Ruiz Ramón.

Transmisión, deturpación y recuperación del texto

Ya se habrá advertido, por el cotejo de la muy extensa acotación del banquete según las dos versiones atribuidas a Godínez y a Tirso, que en la de Godínez se ha producido una modificación de calado: en el texto Godínez hay una escena visualmente distinta, *Descúbrese Absalón a un lado, colgado por los cabellos* y *Amón muerto encima de una mesa.* Desde el punto de vista narrativo, el responsable del texto Godínez ha presentado como casi simultáneas dos acciones que en la Biblia están separadas por más de tres años. Se trata de una amalgama tardía, ya que *La venganza* está organizada para mostrar el triunfo de la conjura de Absalón, conforme a la tradición bíblica, mientras que en *Absalón* la obra entera se organiza para mostrar el alanceamiento de Absalón a manos del general Joab. El responsable tardío del texto Godínez ha modificado los elementos dramáticos a su antojo para mostrar al mismo tiempo, en paralelo, los dos finales que la Biblia sitúa en momentos narrativos distintos. La compañía que representa este texto es la responsable de su deturpación; deturpación inadmisible para un lector fiel del Segundo Libro de Samuel, pero muy comprensible para el espectador de la época, que quiere saber cómo acaba Absalón al final de esta historia. La edición a nombre de Godínez parte del texto editado a nombre de Tirso y modificado luego por la experiencia de su representación a lo largo de medio siglo.

Hay que considerar la hipótesis subsidiaria de que el texto transmitido después de 1632, tanto a nombre de Godínez como de Tirso, haya sido un texto procedente de una *suelta* a nombre de Godínez. Como se sabe, las atribuciones de la *Segunda Parte* de Tirso las ha editado su sedicente sobrino Francisco Lucas compilando diferentes *sueltas* previas en una época (1625-1635) en la que estaba prohibida la impresión de obras de teatro, por lo cual todas esas sueltas compiladas a nombre de Tirso han debido de provenir o bien de Portugal o bien de la corona de Aragón. En consecuencia conviene tomar en consideración el que un texto tan deturpado como el que la viuda de Leefdael imprime a nombre de Godínez provenga de una *suelta* primitiva de ese período, también a nombre de Godínez. Y, en consecuencia, que de las doce comedias de esa *Tercera Parte* no sean realmente suyas más allá de la mitad; entre ellas, *La venganza de Thamar,* que comparte en las ediciones a nombre de Godínez y de Tirso la misma clamorosa ausencia del episodio (40 versos) en que Eliazar nos cuenta los quehaceres de los médicos y sus jóvenes pacientes femeninas. Esta hipótesis o subhipótesis tiene la ventaja de que puede explicar la remodelación del episodio final de *La venganza de Tamar* (o Thamar). La transmisión es común hasta el momento en el que desaparecen de escena los pastores que cantan y la acotación indica: *Vanse todos y salen Absalón y Thamar,* este es el cotejo de la escena en sus dos transmisiones:

Thamar	*Venganza* (1634)
ABS. Ya, hermana, quedas vengada y tu honra satisfecha, muerto Amón, a quien mis manos han dado muerte violenta. Con su muerte te ha pagado de su honor la justa deuda, que aquí la deuda se cobra como el acreedor se muera. Mi padre viene furioso, que adivina esta tragedia, a castigar mis delitos; yo, huyendo de su presencia voy a avisar a mi gente, con quien pienso darle guerra hasta que en Jerusalén, coronado rey, me vea.	Para ti, hermana, se ha hecho el convite; aqueste plato, aunque de manjar ingrato, nuestro agravio ha satisfecho; hágate muy buen provecho: bebe su sangre, Tamar, procura en ella lavar tu fama, hasta aquí manchada; caliente está la colada fácil la puedes sacar. A Gesur huyendo voy, que es su rey mi agüelo y padre de nuestra injuriada madre.

Tú, Thamar, pues ya vengada
estás, procura, discreta,
entretener tu rigor
mientras que corriendo, pueda
poner mi persona en salvo,
que si los Cielos me dejan,
en alto me han de ver todos.
Mas ya los clarines suenan.
Tocan cajas
Mi padre llega. ¡Ah, Tamar,
adiós! *Vase.*
THA. Él defienda
(pues mi honor recuperaste)
tu vida y tu honra.

TAMAR. Gracias a los Cielos doy,
que no lloraré desde hoy
mi agravio, hermano valiente;
ya podré mirar la gente,
resucitado mi honor,
que la sangre del traidor
es blasón del inocente.
¡Quédate, bárbaro ingrato,
que en buen túmulo te han puesto:
sepulcro del deshonesto
es la mesa, taza y plato.
ABSAL. Intentar el reino trato.
TAMAR. Déntele los Cielos bellos.
ABSAL. Amigos tengo y por ellos,
como dijo la mujer,
todo Israel me ha de ver
en alto por los cabellos.

Está muy claro que la compañía que tiene el texto a nombre de Godínez ha manipulado el texto original, pasando de una secuencia de impecables décimas a un romance ramplón. El romance está al alcance de cualquier actor o director de compañía; la tanda de décimas requiere mayor destreza versificatoria; la asonancia es rima popular, fácil de repetir y emular, pero el consonante de una décima requiere pericia y destreza técnica más allá del fácil ripio. La última de las décimas de esta secuencia tiene el valor añadido de distribuir los versos integrando una esticomitia entre los dos personajes en diálogo. La conclusión es sencilla: el texto a nombre de Godínez ha sido interpolado y modificado a lo largo del centenar de años que va desde su elaboración primigenia hasta el impreso sevillano de la viuda de Leefdael. Como la viuda de Leefdael suele reeditar los textos previos de Francisco de Leedael, y este último los que provienen de la Imprenta Real, a fines del XVII, la conjetura más razonable es suponer que la deturpación es cosa de la compañía que lo representa entre 1630 y 1675.

Resumiendo: si un editor dispone hacia 1670 de un texto truncado en torno a 2 300 versos no tiene problema para imprimirlo, ya que lo puede inscribir en un formato A4-D4, pero si el intermediario del texto no es un editor, sino un director de compañía que lo tiene que representar antes el público, lo más sensato y pertinente es que complete ese texto truncado, bien pidiendo a la propia compañía que amplíe parlamentos o diálogos o, si es alguien con la destreza de Pedro de Pernía, que inserte escenas nuevas que, como sucede con el elogio a Lisboa en *El burlador*, puede llegar a un centenar y medio de versos en romance. Esto es lo que parece haber hecho la última compañía que representa el texto de *Los cabellos de Absalón* hacia 1670-1675: insertar un acto entero de una comedia ya publicada en donde coinciden buena parte de los protagonistas principales: el rey David y sus vástagos.

Forma, función y significación de la métrica de «Los cabellos de Absalón»

Conforme a la hipótesis que estamos planteando, la tipología métrica de los 2 300 versos calderonianos nos da el siguiente perfil estrófico:

Primera jornada		Segunda jornada		Tercera jornada	
Silva de 7/11	1-134	Romance e-a	989-1426	Redondillas	1667-1718
Romance o-o	135-360	Silva	1427-1577	Romance e-e	1720-2020
Décimas	361-590	Redondillas	1579-1666	Octavas reales	2021-2140
Romance e-o	591-988			Romance e-o	2141-2296

Como ya hemos señalado, los actos segundo y tercero de esta disposición, corresponden al tercer acto de la transmisión tardía hacia 1675. Conforma esta disposición, el romance se usa en las tres jornadas, las redondillas y las silvas en dos jornadas y las décimas y las octavas reales en una sola jornada. En cuanto a porcentajes, el romance comprende 622 en la primera jornada (un 63 por 100), 438 de un total de 678 en la segunda (un 64,5 por 100) y 456 de 660 (un porcentaje de 69 por 100). En su conjunto, como se ve, el uso del romance es muy estable, siempre por encima del 63 por 100 y teniendo como tope el 69 por 100. Es decir: dos tercios de la comedia están en romance. Compárese esto con el uso del romance en el conjetural segundo acto introducido por la última compañía que la representó, que es exactamente de un 37,8 por 100. Aceptar ese acto inserto por la compañía modifica radicalmente la estructura de uso del romance, de solo 37,8 por 100 del segundo acto. Entiendo que son variaciones significativas. Calderón está usando una paleta reducida (romance, redondillas, silvas, décimas y octavas, tan solo cinco formas distintas) y la inserción del acto supuestamente de Godínez o de Tirso, pero en realidad de Claramonte, altera los porcentajes en su forma más habitual, el romance. Según esto se podría conjeturar que al final de la segunda jornada se ha omitido un pasaje en romance, ya que en la primera y tercera jornadas hay dos pasajes y en esa hipotética segunda solo hay uno. Se trata de una conjetura que se debería contemplar y evaluar.

El descalabro visual de la ominosa «T»

La mejor edición del texto es, con mucha diferencia, la madrileña de Sanz y Vera Tassis, que solo presenta los habituales errores de traslación textual de la edición previa, que de por sí ya está deturpada, tanto en algunos nombres como en varias lecciones discutibles o claramente erróneas.

Asumido esto, hay que aceptar que la única edición alternativa aceptable es la de Toledo de 1677, tal vez el mismo año, o el siguiente, de la edición que le sirve a Sanz y Vera Tassis para establecer la suya.

Pero la edición toledana, interesante en cuanto al texto, es calamitosa en lo que atañe a los criterios de disposición visual del texto. Hasta tal punto endeble que puede justificar la cantidad de errores cometidos por Rodríguez Cuadros en sus notas a pie de página, donde omite docenas de variantes en cada jornada y no siempre transcribe bien las que no omite. Hay dos aspectos de esta edición toledana que conviene resaltar: se trata de una *suelta* o *desglosable,* sin paginar, impresa a doble columna y a 43 líneas por columna. Señalemos, en primer lugar, que editando a 43 líneas en vez de a 40, el editor toledano se está ahorrando un total de 12 líneas por hoja, lo que en 20 hojas representa un ahorro de 240 líneas, es decir, en torno a unas 3 hojas. Esto explica algo a primera vista sorprendente en esta edición toledana: el hecho de mantener a toda costa la edición a doble columna incluso en pasajes de endecasílabos en ambas columnas o en combinaciones de endecasílabos y heptasíalbos, tan frecuentes en Calderón. El resultado, desde el punto de vista estético, es bochornoso, ya que muchas veces los endecasílabos no caben en la línea y hay que fragmentarlos montándolos sobre la línea anterior o la siguiente. Si esto se produce en una secuencia de varios versos 7 + 11 el resultado es el siguiente:

de la hermosa ambición y mi vêga-
sus ordenes espero (ça,
en el Ebron, ceñido el blâco azero,
la gente de Jesur capitaneando,
con las Tribus que ya se van juntâ-
aunque la fama diga (do,
q mi passada ofensa a esto me obli-
y pues ya este criado, (ga,

No es, por supuesto, un ejemplo aislado, pero sí un ejemplo que muestra cómo un editor desaprensivo en una secuencia de tan solo 8 versos, fragmenta 3 de los 4 endecasílabos montándolos sobre el verso siguiente y fomentando migrañas y jaquecas en los lectores. Los heptasílabos se imprimen íntegros y sin abreviaciones, y los endecasílabos acaban obedeciendo al sabio principio del griego Procusto. En estas condiciones no es de extrañar que la edición Rodríguez Cuadros haya pasado como gato sobre brasas al enfrentarse al texto toledano. La edición toledana es una edición mixta, en tanto que los heptasílabos se ofrecen intactos y los endecasílabos, truncados visualmente.

En otras ocasiones, la imposibilidad de encajar el endecasílabo en una línea lleva a una curiosa solución, consistente en editar suelta en la línea siguiente la última palabra, cortando el sintagma:

la voz que horrible pronunció tu
acento

como entre sombras pardas de un
sueño

de hablar vengo a David en el
consejo,

La edición de Toledo es abundante en ejemplos de este calibre. Estos desperfectos visuales son, en todo caso, menos graves que los que provocan truncamientos en la última palabra del verso. Como estos ejemplos, todos ellos en la página inicial, tras el *Dramatis personae:*

(te
con labio de metal, voz de diaman-

ay dulces prendas por mi bien halla-
(das

(ta
Amón no más de entre vosotros fal-
a quien como a mayor estimo y quie-
(ro

(no
a mí, señor, pregúntasmelo en va-

porque a ignorado mal no se da me-
(dio

(tes
que por no ser capaz de muchas muer-

(tro
bien en mis sentimientos yo lo mues-

Hasta tal punto todo esto es visualmente calamitoso que cuando el oficial de imprenta decide (en la misma hoja primera) cortar el endecasílabo separando una unidad de sentido completa hay que considerarlo, por comparación con lo anterior, un plausible acierto:

Abs. Este es de Amon el cuarto,
ya has llegado.

Al final, visto esto, resulta comprensible la desatención con que Rodríguez Cuadros ha minimizado el interés de esta edición, cronológicamente la primera conservada. Pero, por calamitosa que resulte en lo visual, se trata de una edición necesaria, y en ocasiones imprescindible, para establecer el texto. La única edición que se debe considerar como complemento de la de Sanz y Vera Tassis.

La precedencia textual de la edición Vera Tassis

El texto editado e impreso por Vera Tassis y por Francisco Sanz es, con diferencia, el mejor texto del elenco de que hoy en día podemos disponer. Es un texto que proviene directamente de una presumible *princeps* seguramente impresa *suelta,* tal vez en Madrid o en Alcalá de Henares. Pero de todo el resto de testimonios conservados y manejados por Rodríguez Cuadros en su edición hay uno que es superior a los demás: el de Toledo 1677, cuyas variantes no siempre transmite. Para limitarnos a las jornadas primera y tercera, la edición Rodríguez Cuadros omite más de un centenar de variantes de la edición toledana. Pero no son estas variantes de T lo que es determinante, sino el conjunto de versos o semiversos (más de una docena) presentes en Vera Tassis y ausentes en todos los demás editores. En nuestra edición los editamos en cursiva, pero en esta introducción conviene mostrar el cotejo entre el texto Sanz-Vera Tassis y el conjunto de los demás textos: he aquí los pasajes con los versos omitidos y el entorno de los versos anterior y/o posterior, cotejo cuyos resultados parecen especialmente relevantes:

Sanz-Vera Tassis	Resto de ediciones del xvii y xviii
1)	
enfado de la luz del sol recibe	enfado de la luz del sol recibe
con que entre sombras vive	
y aun está sin abrir una ventana	y aun está sin abrir una ventana
2)	
condición que tenemos	condición que tenemos los humanos.
los humanos, haciendo siempre extremos	

3)

el demonio como opuesto	el demonio como opuesto
a las verdades de Dios	
habla apoderado en pechos	habla apoderado en pechos

4)

Joab, os tiene muy soberbio.	Joab, os tiene muy soberbio.
Vos de mí os acordaréis	
cuando esté en el alto puesto	cuando esté en el alto puesto

5)

ya en el israelita traje	ya en el israelita traje
disfrazada y encubierta	
si bien pudiera escusarlo	si bien pudiera escusarlo

6)

Esto escribe mi hermano	Esto escribe mi hermano
por quien honores tan crecidos gano	
y porque vea cuánto reverencio	y porque vea cuánto reverencio

7)

Pues haz que este cordel, señor, me quiten	Pues haz que este cordel, señor, me quiten.
y no sañudos contra mí se irriten	

8)

El diablo que esperara y no se fuera,	El diablo que esperara y no se fuera.
ya que el cordel me quita	
tu piedad.	

9)

coronado Absalón, el juez primero	coronado Absalón, el juez primero
que contra la malicia	
en mí su dueño tenga, pues justicia	que tiene en mí su dueño, pues justicia

10)

Todo el tiempo lo mejora:	Todo el tiempo lo mejora
aunque no los tengo ahora	
presto tenerlos espero	presto tenerlos espero

11)

Qué triste funesto sueño	qué triste funesto sueño
me puso en mortal empeño	
este instante que dormía	este instante que dormía

12)

y así a Dios dar gracias quiero,	y así a Dios gracias quiero
pues piadoso ha permitido	
que el pesar sea el fingido	que el pesar sea el fingido

13)

la corona en rey que sea	La corona en rey que sea
justiciero eternamente.	

14)

pues el mismo la deshace	pues el mismo la deshace.
que fortalecerla quiere	

15)

no a mí, pues que la culpa yo no he sido	no a mí, pues que la culpa yo no he sido
sino el hado.	
SEMEY. Conmigo y con él medras.	Conmigo y con él medras

Además de estos 15 ejemplos evidentes, habría que contar los que aparecen en la segunda jornada, que quedan fuera de nuestra edición, al considerar esa segunda jornada ajena al autor. En total, si se contaran, tendríamos una veintena de versos presentes en Sanz y Vera Tassis y omitidos, en todas las ediciones, a partir de la de Toledo de 1677. Parece muy claro que todas las ediciones que no provengan, directa o indirectamente, de Vera Tassis, han de provenir de la edición de Toledo. Esto anula la conjetura hipotética, plasmada en el estema propuesto por Rodríguez Cuadros. El estema tiene que ser mucho más sencillo, a partir de una edición perdida, muy bien reproducida por Sanz y Vera Tassis y calamitosamente difundida por la edición toledana de 1677. Según esto, la edición descrita como BM por Rodríguez Cuadros no es un texto anterior, sino posterior a la edición toledana. Conforme a los límites (muy amplios) establecidos por Don W. Cruickshank, estaría en el límite más tardío, 1677-1680.

A partir de aquí es bastante sencillo proponer una hipótesis fiable sobre la transmisión; Calderón escribe, en torno a 1630 (probablemente algo antes de esa fecha) el texto primitivo y se lo vende a una compañía, con los probables y conocidos avatares y acaecimientos de la difusión: en medio siglo el texto ha quedado reducido a los 2300 versos que aquí editamos, pero hacia 1670-1675 la última compañía que posee el manuscrito y que debe representar en el tiempo habitual de hora y media para la comedia y media hora para la loa, entremés, baile o jácara y mojiganga, completa esos 2300 versos añadiendo o intercalando como segunda jornada el texto de *La venganza de Tamar,* que corre editada a nombre de Godínez y de Tirso y manuscrita a nombre de Claramonte, según certifica el documento exhumado por María Vicenta Esquerdo, en el que consta *La venganza de Tamar* como una de las 15 comedias de Claramonte que posee la compañía de Juan Jerónimo Almella, el *Valenciano*. Francisco Sanz ha hecho imprimir ese texto a cargo de don Juan de Vera Tassis y Villarroel. Y para debatir sobre la presunta autoría de Godínez, Claramonte o Tirso conviene, en primer lugar, proceder a un estudio crítico que ahonde en las peculiaridades de los tres textos documentados: el manuscrito de 1632, la edición a nombre de Tirso en su *Tercera Parte* y la *suelta,* ya muy deteriorada, a nombre de Felipe Godínez, cuyo único ejemplar superviviente se imprime en Sevilla a costa de la viuda de Francisco de Leefdael.

Reflexionaba o divagaba Alfonso Sastre en su indagación sobre la modernidad del teatro de Eurípides. La idea de Sastre era establecer un puente o filiación entre las innovadoras aportaciones de Eurípides y la modernidad de sus sucesores europeos llegando hasta el siglo xx y, claro, el propio Alfonso Sastre, nada tímido en la búsqueda de sus propios ancestros. En el caso de Calderón la huella de Eurípides me parece tan obvia que resulta innecesario pararse a demostrar lo evidente.

Otro cantar es el hacer ver que, además de una fecunda veta que viene de Eurípides en lo que atañe a la compleja construcción del drama político, conviene detenerse en esa faceta festiva y desmitificadora con la que Calderón se acerca a la sociedad de su tiempo, tanto *côté cour* como *côté jardin,* tanto en el arrabal como en el salón. El modo arrabalero lo introduce el personaje de Jonadab en la historia trágica de Amón, Tamar y el fogoso Absalón, trasuntos del tipo *melancólico,* de la dama vindicativa y, por ello, *colérica* y del ambicioso galán de los cabellos de oro, el epítome del hombre de acción consagrado a su objetivo político y militar, el tipo *apasionado,* devorado por la pasión del poder. Todo ello lo sobrevuela el monarca por antonomasia, el rey David, enfrentado primero a Saúl y más tarde a Absalón. A David le correspondería el carácter *sanguíneo*. Todo ello corresponde a una versión sombría del mundo de lo apolíneo, hablando en términos de Nietzsche. Pero Calderón domina también el lenguaje minucioso de la irrisión, de la broma subversiva y de los territorios maliciosos de Momo, el gran debelador y desvelador de las diversas tonterías humanas. En esto, Calderón es compañero de quehaceres del gran Luis Quiñones de Benavente. Jonadab, distinto de Clarín y de Coquín, luce nombre de vocales abiertas (o, a, á) y muestra su cínica y desvergonzada contextura moral. Probablemente este papel lo debió de pensar Calderón para el magnífico Cosme Pérez, el creador de la máscara de Juan Rana, actor de una *vis comica* similar tan solo a la de Alonso de Cisneros. En cualquier caso el personaje de Jonadab es creación calderoniana que, a parir de la onomástica bíblica, inserta rasgos que provienen de Momo, el dios menor que sirve para zaherir a los habitantes del Olimpo mostrando sus miserias, que no son pocas. Momo, tal y como el ilustre Covarrubias nos informa, es el origen y la raíz de la figura cómica y subversiva del *Mohazzache* o *mamarracho*. Esto es lo que dice Covarrubias: «*Momarrache*. El que se disfraza en tiempo de fiestas con hábito y talle de zaharrón; y por la libertad que en un tiempo tenían de dezir gracias, y a vezes lástimas, se dijeron *momarraches, a Momo*». El propio Covarrubias, en la entrada *çaharrón* lo identifica con el «botarga», con lo que estamos ya en el ámbito de la *Comedia del Arte* con la máscara creada por Botarga, el cómico italiano que visitó España en el decenio de los ochenta. El Jonadab calderoniano corresponde, en efecto, a un Momo o un botarga que opera en la corte del rey David y que no tiene reparos, una vez muerto Amón, en merodear en torno a los supervivientes vencedores, tal que Tamar y Absalón.

Estamos, dos milenios después, en la estela de la burla aristofanesca, de la transgresión de las conveniencias sociales y políticas a través de la función liberadora de la burla, del eficaz mecanismo de la irrisión. Las piezas breves que incluimos en esta edición de la comedia o tragedia bíblica sirven para completar esta mixtura tragicómica en la que conviven los herederos de Momo con los atormentados personajes de la Casa de David. No hay que descartar que el actor que representaba a Jonadab en la comedia trágica fuese el mismo que representaba a Cosme Catiborratos en el entremés. Son las dos facetas teatrales del polifacético Calderón, excelso en ambas.

Esta edición

La «cuestión palpitante» en lo que atañe a los problemas críticos relacionados con *Los cabellos de Absalón* es la de fijar el texto, y más concretamente fijarlo abordando su principal problema: el misterio de la intrusión del tercer acto de *La venganza de Tamar* como acto segundo en la última fase de la transmisión del texto calderoniano. Esto implica a su vez restablecer la idea de la obra misma, deturpada, no solo en el texto, por esa intrusión debida a la última compañía que representa la obra antes de vendérsela a un editor tal vez madrileño. Así pues, el principal problema crítico consiste en rescatar el texto, que nos ha sobrevivido en una versión recortada unos cincuenta años después de su redacción primitiva. El texto resultante de esa operación de limpieza está, sin duda, incompleto, pero al mismo tiempo su plan dramático está claro, una vez depurado de ese texto inserto e híbrido. Pero, además de ello, hemos abordado el rescate de los nombres transmitidos por la historia bíblica: Cusay y Tecua o Tecoa, y no Ensay y Teuca, nombres producto de intervención ajena al autor. Fijar el texto conforme a su mejor transmisión, la de la edición Sanz-Vera Tassis, implica también abandonar prácticas añejas que no tienen aval suficiente, entre ellas la idea de que existió una fase primitiva mixta que incluía todo un acto de mano ajena.

Todo ello, si la hipótesis general es correcta, apunta a un texto muy diferente del que la tradición ha venido transmitiendo, con el consiguiente problema de haberle dado el visto bueno a una historia que no es la que Calderón escribió. Esto convierte en obsoleto todo cuanto se ha dicho y propuesto sobre los significados políticos, filosóficos o de crítica social, que se han venido transmitiendo. En esta perspectiva ya no tiene interés insistir en la conjetura *ad hoc* de un hipotexto supuestamente tirsiano y paralelo a la historia urdida por Calderón.

En lo que atañe a las distintas elecciones sobre la ortografía del texto hemos optado por la modernización mitigada, en el sentido de mantener las formas arcaicas tan solo en el caso en que la rima lo exigiera. Modernización ortográfica, pues, pero siempre sobre la base de respetar las convenciones en materia de textos clásicos. *La venganza de Tamar*, sea quien sea su autor, es un texto muy distinto de *Los cabellos de Absalón.*

Hemos propuesto, en función de ellos, tres tipos de notas a pie de página: aclaratorias, para iluminar y dirimir posibles usos del Siglo de Oro hoy ya caducos y cuya edición sin las debidas notas aclaratorias podría desconcertar al lector moderno. Un segundo apartado de notas son las de carácter histórico sobre los personajes bíblicos, incluyendo en ello algún nombre mál transmitido y alguna alusión histórica o literaria poco clara. Por último, las notas críticas relacionadas con la transmisión textual; al optar por la fijación del texto conforme a considerar la edición madrileña de Sanz y Vera Tassis, las hemos reducido a notas sobre discrepancias textuales entre diferentes usos y distintas transmisiones; en este sentido algunos pasajes, que creemos han sido mal transmitidos, nos han exigido proponer enmiendas *ope ingenii* que en este caso son irremediables. En los escasos ejemplos en que no hemos encontrado una buena enmienda se han dejado los textos indicando las lagunas mediante corchetes.

Por otra parte, y conforme a los usos teatrales del Siglo de Oro, acompañamos el texto de la comedia con las piezas breves que acompañaban a la representación de la comedia: entremés, jácara y mojiganga, todas ellas del propio Calderón. El cotejo de estas pequeñas joyas de la comicidad barroca con las distintas formas de histrionismo asociadas a los graciosos permite emparentar al espléndido Jonadab con máscaras, como la de Juan Rana, creada por Cosme Pérez, que probablemente era el Cosme Catiborratos de la pieza breve *Los flatos,* llamada también *La garapiña*. En los casos de estas piezas breves hemos introducido varias propuestas alternativas para lecciones discutibles en la edición Tordera/Rodríguez Cuadros.

Siglas empleadas en esta edición

AMS:	Ámsterdam 1726
BL:	British Library
BM:	Biblioteca Municipal de Madrid
DRAE:	Diccionario de la Real Academia Española
FG:	Felipe Godínez
ERC:	Evangelina Rodríguez Cuadros
JP:	José Padrino
K:	Keil
RR:	Ruiz Ramón
T:	Toledo
TP:	Teresa Prieto
VT:	Vera Tassis

Bibliografía

Álvarez Sellers, Alicia, *Del texto a la iconografía: aproximación al documento teatral del siglo XVII,* Valencia, Universidad de Valencia, 2007.

Arróniz, Othón, *Teatro y escenarios del Siglo de Oro,* Madrid, Gredos, 1977.

Bodini, Vittorio, «Signos y símbolos en La vida es sueño», en *Estudio estructural de la literatura clásica española,* Barcelona, Martínez Roca, 1971.

Bolaños Donoso, Piedad, *La obra dramática de Felipe Godínez. Trayectoria de un dramaturgo marginado,* Sevilla, Diputación Provincial de Sevilla, 1983.

Calderón de la Barca, Pedro, *Los cabellos de Absalón,* ed. de Evangelina Rodríguez Cuadros, Madrid, Espasa Calpe, 1989.

Cruickshank, Don W., *Calderón de la Barca. Su carrera secular,* Madrid, Gredos, 2011.

Dixon, Victor, «El santo rey David y Los cabellos de Absalón», en Hans Flasche (ed.), *Hacia Calderón: Tercer coloquio angloamericano* (Londres, 1973), Berlín, Walter de Gruyter, 1976.

Edwards, Gwynne, «Sobre la transmisión de Los cabellos de Absalón», *RABM,* LXXVI, 1973, págs. 109-120.

Fuad Giacoman, Helmy, *Estudio y edición crítica de la comedia, Los cabellos de Absalón,* Chapel Hill, University of North Carolina, 1968.

García Lorenzo, Luciano (ed.), *Calderón. Congreso Internacional sobre Calderón y el teatro español del Siglo de Oro,* Madrid, CSIC, 1983.

Granja, Agustín de la, *Entremeses y mojigangas de Calderón para sus autos sacramentales,* Granada, Universidad de Granada, 1981.

Hilborn, Harry W., *A cronology of the plays of D. Pedro Calderón de la Barca,* Toronto, University of Toronto, 1938.

KLUGE, Sofie, *Baroque, allegory, Comedia. The transfiguration of tragedy in Seventeenth-Century Spain,* Kassel, Reichenberger, 2010.
LAUER, A. Robert, «The dramatic symmetry of Calderón's Los cabellos de Absalón: a semiotic reading», *Romanistisches Jahrbuch,* XXXIX, 1988, págs. 323-341.
LEAVITT, Sturgis E., «Did Calderón have a sense of humor?», en Urban T. Holmes Jr., Alfred G. Engstrom y Sturgis E. Leavitt (eds.), *Romance Studies presented in memory of William Morton Dey on the occasion of his seventieth birthday,* Chapel Hill, The University of North Carolina, 1950, págs. 119-121.
MAURON, Charles, *Psicocrítica del género cómico. Aristófanes, Plauto, Terencio, Molière,* Madrid, Arco Libros, 1997.
MAYBERRY, Nancy K., «Tirso's La venganza de Tamar: Second part of a trilogy?», *BHS,* LV, 1978, págs. 119-127.
MIGUEL MAGRO, Tania de, «El aspecto físico de Cosme Pérez», *Anagnórisis, Revista de Investigación Teatral,* núm. 16, 2017, 325-356.
MORLEY, S. Griswold, y BRUERTON, Courtney, *Cronología de las comedias de Lope de Vega, con un examen de las atribuciones dudosas basado todo ello en un estudio de su versificación estrófica,* Madrid, Gredos, 1968.
O'CONNOR, K. Patricia, «La venganza de Tamar de Tirso y Los cabellos de Absalón de Calderón: análisis comparativo», en Luciano García Lorenzo (ed.), *Calderón. Congreso internacional sobre Calderón y el teatro español del Siglo de Oro,* Madrid, CSIC, 1983, págs. 1309-1317.
PATERSON, Alan K. G., *La venganza de Tamar de Tirso de Molina. Estudio, edición, y notas,* Cambridge, Cambridge University Press, 1969.
PEDRAZA JIMÉNEZ, Felipe Blas, *Calderón. Vida y teatro,* Madrid, Alianza, 2000.
REGALADO, Antonio, S. J., *Calderón. Los orígenes de la modernidad en el Siglo de Oro,* Barcelona, Destino, 1995, 2 tomos.
RÍOS Y LAMPÉREZ, Blanca de los, «Estudios preliminares de las comedias», en *Obras dramáticas de Tirso de Molina,* tomo III, Madrid, Aguilar, 1958.
RODRÍGUEZ LÓPEZ-VÁZQUEZ, Alfredo, «La venganza de Tamar, colaboración entre Tirso y Calderón», *Cauce,* número 5, 1982, págs. 73-85.
— «La triple atribución de La venganza de Tamar (Tirso, Godínez, Claramonte), el segundo acto de Los cabellos de Absalón y la intervención de Vera-Tassis», *LEMIR,* 25, 2021, págs. 67-90.

RUIZ RAMÓN, Francisco, *Calderón y la tragedia,* Madrid, Alhambra, 1984.
— *Paradigmas del teatro clásico español,* Madrid, Cátedra, 1997.
Sagrada Biblia, traducida de la Vulgata Latina teniendo a la vista los textos originales, por el padre José Miguel Petisco, Madrid, Apostolado de la Prensa, 1943.
SCHACK, Adolfo Federico, conde de, *Historia de la literatura y el arte dramático en España,* traducción de Eduardo de Mier, Madrid, 1885-7, 5 tomos.
SLIWA, Krzystof, *Cartas, documentos, y escrituras de Pedro Calderón de la Barca (1600-1681),* Valencia, Universidad de Valencia, 2008.
SLOMAN, Albert E., *The dramatic craftsmanship of Calderón. His use of earlier plays,* Oxford, Dolphin, 1958.
SULLIVAN, Henry W., *Calderón alemán. Recepción de un genio hispano (1654-1980),* Frankfurt am Main/Madrid, Vervuert/Iberoamericana, 1998.
TIRSO DE MOLINA, «La venganza de Tamar», en *Obras Completas V,* Madrid, Biblioteca Castro, 2007.
TORDERA, Antonio, y RODRÍGUEZ CUADROS, Evangelina, *Calderón y la obra corta dramática del siglo XVII,* Londres, Tamesis Books, 1983.
— Edición de *Entremeses, jácaras, y mojigangas de Pedro Calderón de la Barca,* Madrid, Castalia, 1983.
VEGA GARCÍA-LUENGOS, Germán, *Problemas de un dramaturgo del Siglo de Oro. Estudios sobre Felipe Godínez con dos comedias inéditas,* Valladolid, Universidad de Valladolid, 1986.
WILSON, Edward M., «Los cuatro elementos en la imaginería de Calderón», *Modern Language Review,* XXXI, 1936, págs. 34-47.

DICCIONARIOS

COVARRUBIAS, Sebastián de, *Thesoro de la lengua castellana o española,* Madrid, Turner, 1979. Facsímil de la edición de 1612.
Diccionario de la lengua castellana, RAE, Décima Tercia edición, imprenta de los sres. Hernando y Compañía, Madrid, 1899.
Nuevo diccionario de la lengua castellana por una sociedad literaria, París, Rosa y Bouret, 1860.
PALENCIA, Alfonso de, *Universal Vocabulario en latín y en romance,* Madrid, Comisión Permanente de la ASALE, 1967, 2 tomos. Facsímil de la edición de 1495.

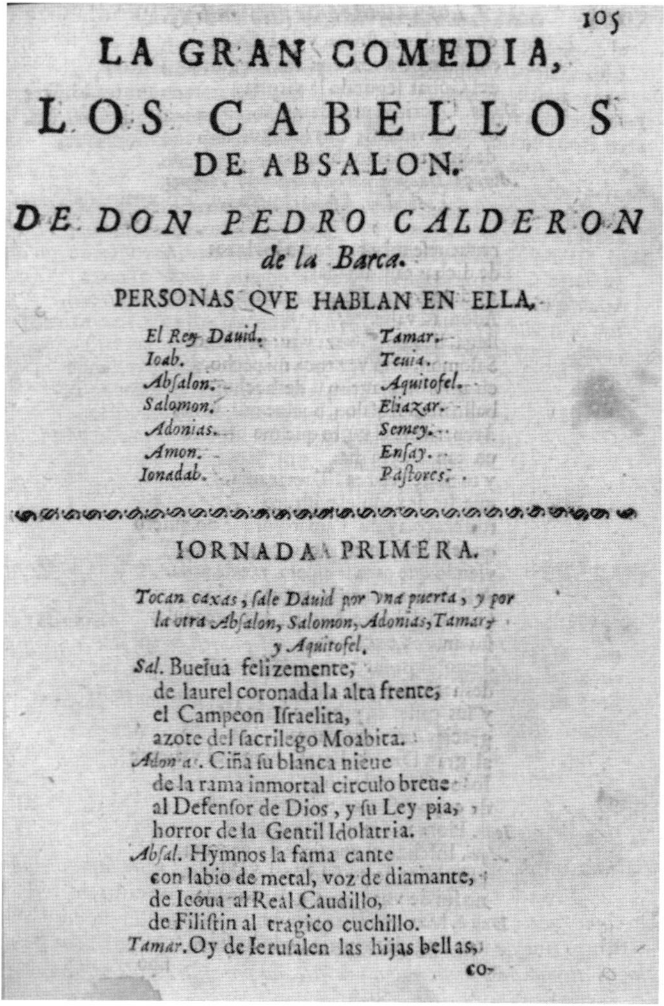
105

LA GRAN COMEDIA,

LOS CABELLOS

DE ABSALON.

DE DON PEDRO CALDERON de la Barca.

PERSONAS QVE HABLAN EN ELLA.

El Rey Dauid.	*Tamar.*
Ioab.	*Teuia.*
Absalon.	*Aquitofel.*
Salomon.	*Eliazar.*
Adonias.	*Semey.*
Amon.	*Ensay.*
Ionadab.	*Pastores.*

IORNADA PRIMERA.

Tocan caxas, sale Dauid por vna puerta, y por la otra Absalon, Salomon, Adonias, Tamar, y Aquitofel.

Sal. Bueſua felizemente,
de laurel coronada la alta frente,
el Campeon Iſraelita,
azote del ſacrilego Moabita.

Adonias. Ciña ſu blanca nieue
de la rama inmortal circulo breue
al Defenſor de Dios, y ſu Ley pia,
horror de la Gentil Idolatria.

Abſal. Hymnos la fama cante
con labio de metal, voz de diamante,
de Ieoua al Real Caudillo,
de Filiſtin al tragico cuchillo.

Tamar. Oy de Ieruſalen las hijas bellas,

co-

Primera página de la edición de Vera Tassis de 1685 de *Los cabellos de Absalón.*

de Sión, que salís con ansias tales
todos a recibirme a sus umbrales,
en ocasión tan alta
Amón no más de entre vosotros falta,
Amón, mi hijo mayor y mi heredero,
a quien, como a mayor, estimo y quiero.
¿Qué es la causa, Adonías,
de que él no aumente las venturas mías?

ADONÍAS. Yo, señor, no sé nada.

DAVID. Salomón, una pena imaginada
es más que acontecida,
¿Qué ha sucedido a Amón? Di, por tu vida.

SALOMÓN. Absalón lo dirá, yo no he sabido
que pueda haberle nada sucedido.

ABSALÓN. Ni yo lo sé tampoco.

DAVID. En vuestra[17] suspensión mis penas toco.
Tamar, ¿que hay de tu hermano?

TAMAR. A mí, señor, pregúntasmelo en vano,
que en mi cuarto encerrada
vivo, aun de los acasos ignorada.

DAVID. ¿No hay quien de Amón me diga?

AQUITOFEL. Sí, señor, criado soy, amor me obliga
a que nada te calle,
aunque razones el discurso halle
para no dar avisos[18] de una pena
a cuyo fin se excusan todos: llena
de otra razón el alma[19]
no quiero recatarte aquesta calma[20],

---

[17] En T y derivadas: «en una suspensión», probable mala lectura de la abreviación «vra», por «vuestra».

[18] En T: «para no dar asi los de una pena», incongruente. ERC ahota esta variante como de BL, AMS y JP, sin advertir que ya está en T.

[19] En T y derivadas se sustituye el heptasílabo por un verso eneasílabo «de otra razón ya toda el alma».

[20] En T y derivadas: «te quiere recatar de aquessa calma», métricamente correcto. El verbo «recatar» es frecuente en obras de Calderón.

porque a ignorado mal no se da medio
y, sabido, se trata del remedio.
Amón, tu hijo, señor[21], ha muchos días
que ha dado en padecer melancolías
y tristezas tan fuertes
que, por no ser capaz de muchas muertes,
enfado de la luz del sol recibe,
con que entre sombras vive[22]
y aun está sin abrir una ventana
ni ver la hermosa luz y soberana[23];
tanto Amón se aborrece[24]
que el natural sustento[25] no apetece;
ningún médico quiere
que le entre a ver y en fin Amón se muere
de una grave tristeza,
pensión que trae la naturaleza[26].

DAVID. Aunque nazca la nueva que me has dado
de lealtad, te la hubiera perdonado,

---

[21] En T y todas sus derivadas se omite «señor», dejando el verso como eneasílabo. ERC no recoge que también T omite este verso.

[22] Edito en cursiva este verso, que no se encuentra ni en T ni en BM ni en sus derivadas. A partir de aquí los versos o semiversos específicos de VT los edito en cursiva, en la idea de que VT es el único que da el testimonio correcto y que las omisiones derivan todas de las omisiones de T, directa o indirectamente.

[23] En T: «ni ver la clara luz y soberana», también correcto y posible y difiere del sorprendente y erróneo «ignorada la raya de la ventana», de BM.

[24] En TP: «Amón a sí se aborrece», fuera de la métrica correcta. En BL: «Amón al fin se aborrece», verso mal medido. En BM y derivadas: «Amón a sí se aborrece» y en JP: «Amón a sí mismo se aborrece».

[25] En T y derivadas: «que el natural su intento le apetece», verso casi dadaísta. La confusión «sustento > su intento» puede entenderse como mala lectura en el componedor de línea en T.

[26] En P: «pensión que traè la naturaleza». Entiendo que el acento grave sobre la *è* apunta a que se debe pronunciar bisílabo por hiato.

Aquitofel, porque es tan[27] mal contento
el disgusto, el pesar y el sentimiento,
que lo mismo que quiso
saber, oyendo tan pesado aviso[28],
saberlo no quisiera,
porque lo supo ya[29], que es de manera
desconversable[30] el mal de un afligido
que, ignorado y sabido,
da siempre igual cuidado,
pues siempre es mal, sabido o ignorado[31].
Entrar ¡ay dios!, a descansar no quiero[32]
en mi cuarto primero
que en el Amón. Venid todos conmigo.
Ingrato soy, Señor, ingrato digo
al grande favor vuestro:
bien en mis sentimientos hoy lo muestro,
pues cuatro hijos que veo
con salud, no divierten mi deseo
tanto como le aflige y atormenta

---

[27] En T y derivadas: «porque està mal contento». La concordancia apunta a un error compartido presente ya en la fuente común. No parece que VT esté enmendando, sino que sigue un texto mejor.

[28] Este verso tiene una alternativa común a T y a BM: saber «quando lo recto de Madisso», tan incomprensible como difícil de conciliar con «saber oyendo tan pesado aviso».

[29] Un ejemplo del conceptismo calderoniano: «quiso saber... saberlo no quisiera... porque lo supo ya».

[30] El adjetivo *desconversable* se registra todavía en el DRAE de 1899 con la acepción 'de genio áspero y desabrido'. Sin embargo el texto T dice «desconversalle», que es forma enclítica de un verbo. ERC no anota esta variante de T.

[31] En T y derivadas: «no avrà un mal, sabido y ignorado», repetido en otras ediciones posteriores.

[32] Variante de orden en T y derivadas: «entrar à descansar, ay Dios, no quiero».

uno solo sin ella: ¡oh, ingrata y descontenta[33]
condición que tenemos
los humanos, *haciendo siempre extremos*![34].

ABSALÓN. Este es de Amón el cuarto, ya has llegado
más del afecto que del pie guiado.

DAVID. Abrid aquesa[35] puerta.

JOAB. Ya, señor, está abierta
y al resplandor escaso que por ella
nos comunica la mayor estrella
al príncipe se mira
sentado en una silla.

(Córrese una cortina y se descubre AMÓN *sentado en una silla arrimada a un bufete, y de la otra parte estará* JONADAB.)

TAMAR. ¿A quién no admira
verle tan divertido
en sus penas, que aun no nos ha sentido?

DAVID. ¡Amón!

AMÓN. ¿Quién me llama?

DAVID. Yo.

AMÓN. Señor, pues ¿tú aquí?

DAVID. ¿Tan poco
gusto te deben mis dichas,
mi amor y afecto[36] tan corto
que aun[37] no llegas a mis brazos?
Pues yo, aunque tú, riguroso

---

[33] La variante de BM: «uno solo sin ella le atormenta», con una improbable autorrima, es impensable en Calderón.

[34] En vez del dístico de VV. 123-4, la lección de T y derivadas es: «condición que tenemos los humanos». Impecable endecasílabo, pero que altera la rima «tenemos / extremos» y deja el verso cojo.

[35] Por error ERC edita «aquesta puerta». El texto de T dice: «aquessa puerta» y ERC anota: «H/AM/RR: aquesta puerta».

[36] En T y otras: 'afectos'.

[37] Omitido «aun» en T y derivadas.

me recibas, llegaré,
hijo, a los tuyos, pues ¿cómo
empezando en mí el cariño
aun no obra en ti el alborozo?
¿Qué tienes, Amón?, ¿qué es esto,
que aunque tus tristezas oigo,
pensé que al verme[38] templaras
de su violencia[39] el enojo?
¿Aun parabién no me das
cuando vuelvo victorioso
a Jerusalén? ¿Mis triunfos
aun no vencen tus enojos?
Un príncipe que heredero
es de Israel, cuyo heroico
valor resistir debiera,
constante, osado y brioso,
los ceños de la fortuna
y del hado los oprobios,
¿tanto a una pasión se rinde,
tanto a una pena que, absorto,
confuso, triste, afligido,
no les permite a sus ojos
la luz del día, negando
la entrada a sus rayos de oro?
¿Qué es esto, Amón? Si de causa
nace tu pena, no ignoro
que podré vencerla yo:
es tuyo mi imperio todo[40],

[38] En T y derivadas: «en verme».
[39] En S: «de tu violencia».
[40] Hay tres alternativas para este verso: «tuyo es mi imperio todo», «para eso mi imperio todo» y «para eso es mi imperio todo». ERC opta por «tuyo es mi imperio todo», verso que requeriría un fuerte e inusual hiato «tuyo / es» o bien «mi / imperio», ambos poco probables. Sigo a T, única variante que ajusta verso y sentido.

de mi estrella a los influjos,
pues cuando digo, animoso,
que no he de salir a verla
es cuando a verla me pongo.
¿Qué es esto, Cielos?, ¿yo mismo
el daño no reconozco?
Pues ¿cómo al daño me entrego?
¿Vive en mí más que yo propio?
No. Pues ¿cómo manda en mí,
con tan gran imperio otro
que me lleva donde yo
ir no quiero?

JONADAB. O soy un tonto
o anda por aquí.

AMÓN. ¿Qué miras?

JONADAB. Tengo aquí que hacer un poco.

AMÓN. ¿No te he dicho que te vayas?

JONADAB. Sí, señor, mas por lo propio
no lo he hecho yo.

AMÓN. Éntrate allá.

JONADAB. (¿Si en esta puerta me pongo?
Por esto dijo uno que
galanes los criados somos,
pues el más sucio criado
no deja de ser curioso.)[51]

(*Escóndese* JONADAB.)

AMÓN. Desde aquí veré a Tamar,
que no he de ser tan medroso
que he de pensar que en efecto
se haya de salir con todo,

---

[51] Se está jugando con la anfibología de *curioso,* que es al mismo tiempo 'aseado' y 'preguntón'.

y aun por que vean[52] mis penas
cómo las lidio y propongo,
la he de ver y aun[53] la he de hablar,
que no es valiente ni heroico
corazón que antes del riesgo
se apellidó[54] victorioso.

(Sale TAMAR. *¡Oh, bellísima Tamar!)*

TAMAR. No entréis conmigo vosotros,
esperad en esta puerta.
(a AMÓN) Cuánto estimo, cuando torno
a mi cuarto, cuando queda
con mi padre el reino todo,
que me hayas, Amón, llamado,
que yo, aunque con amoroso
pecho siento tus tristezas
no entrara, porque conozco
que cualquiera compañía
le sirve a un triste de estorbo.
Mas ya que aquesta ocasión
te he debido, cuando oigo
mi nombre, Amón, en tus labios,
mal haré si no la logro
suplicándote; merezca
ser yo quien del riguroso
dolor que te aflige, llegue
a oír la causa, que no poco

---

[52] En T: «porque sean mis penas», que coincide con la lección de BM, aunque ERC omite que la variante ya está en T.

[53] Sigo aquí a T, que incluye «aun» como intensificador de «la he de hablar». De nuevo ERC registra la variante en BM y JP omitiendo que ya está en T. Entiendo que se debe preferir el verso con presencia de *aun* que con su omisión.

[54] En T: «se apellida», tan posible como la lección de VT. ERC solo anota la variante en BM, BL y otras.

alivia el mal quien le cuenta
con satisfacer a otro
de que ha de sentirle, y puesto
que yo a feriar me dispongo
a mis lágrimas tus voces,
mi fe es fiadora de abono.
Hagan su oficio tus labios,
harán el suyo mis ojos,
oiga yo cómo tú sientes,
verás tú cómo yo lloro.

AMÓN. Si yo, divina Tamar[55],
mi pena decir pudiera,
si capaz de mi voz fuera
el pesar de mi pesar,
si me pudiera explicar
solamente a ti (¡ay de mí!)[56],
lo dijera, y siendo así
que a ti te lo callo, cree
que a nadie se lo diré
pues no te lo digo a ti,
aunque es tan grande y tan rara
pena, y tanto se acrisola,
que a ti la dijera sola
y a ti sola la callara;
la contrariedad repara
de mis ansias, pues aquí,
siendo tú sola (¡ay de mí!)
quien no sabe esta quimera,
a cualquiera lo dijera
por no decírtela a ti.

---

[55] Empieza aquí una tanda de décimas, tras el pasaje en romance, de similar altura lírica y complejidad que las de Segismundo en *La vida es sueño.*

[56] El verso alternativo de T es: «solamente a ti ya mí», que de nuevo ERC registra en BM, BL y derivadas, pero no en T, que es su fuente.

TAMAR. Si una misma razón se halla[57]
en tu pena al padecerla,
por quien yo debo saberla,
ya me ofende quien la calla;
la curiosidad batalla[58]
en la parte del poder[59]
saberla, y que soy mujer
advierte, y he de insistir
por saberla, y la he de oír,
pues[60] no la puedo saber[61].

AMÓN. Ya que ese empeño me obliga,
sin que salida le halle
por mi parte, a que lo calle,
por la tuya, a que lo diga,
sin que en mí se contradiga
el hablar y enmudecer,
te tengo de obedecer:
oye, mas has de advertir
que yo te la he de decir
y tú no la has de saber.
Yo amo, Tamar; mi dolor
amor imposible es,
mira si es bien grande, pues
es imposible y amor.

---

[57] En VT: «razón halla».

[58] Verso omitido en T y en BM. Es necesario para la medida de la décima y su ausencia solo se pueden entender como omisión en la fuente común a T y a BM, lo que avala, de nuevo, que VT está siguiendo un texto mejor en algunos pasajes.

[59] Otro ejemplo espectacular de encabalgamiento sirremático: el verbo auxiliar modal seguido del verbo pleno en infinitivo.

[60] En este verso y el anterior la lección de T y BM es: «por saberla la he de oír, / que no la puedo saber». Sigo a VT.

[61] En T y derivadas: «que no la puedo saber» y ERC omite que la variante ya estaba en T.

TAMAR. Ya es mi confusión mayor.
Di de quién, que aunque me den
cuenta tus voces, no bien
se explican[62].

AMÓN. ¡Ay, Tamar mía,
yo te dije que diría
por qué muero, no por quién!

TAMAR. Yo lo pregunto, admirada
de que haya quien, querida
de ti, no esté agradecida,
cuando no esté enamorada.

AMÓN. No es ella, no, la culpada,
que aunque yo por ella muero,
no sabe ella que la quiero
ni lo ha de saber jamás.

TAMAR. ¿Por qué?

AMÓN. Porque estimo más
lo que amo que lo que espero;
fuera de que tanto ha sido
el temor que la he cobrado,
que aventuro el verme amado
por no verme aborrecido
y así callar he querido
porque sé que he de ofendella.
Máteme, Tamar, mi estrella
y su sufrimiento[63] no,
que más quiero morir yo
que ser la ofendida ella.

---

[62] Sigo aquí a VT, ya que el sujeto de un verbo en plural debe estar en plural: tus voces no bien se explican. En T, BM y derivadas: «se explica».

[63] Aquí hay dos variantes de interés: en T, BM y derivadas, «y su sentimiento no», y, en otras secundarias, «mi sufrimiento». La variación «sentimiento/sufrimiento» se puede atribuir a lectura errónea de un manuscrito, pero también a error del oficial de imprenta en la composición de la línea.

Los cabellos de Absalón

La gran comedia
de don Pedro Calderón de la Barca

Personas que hablan en ella

El Rey David
Joab
Absalón
Salomón
Adonías
Amón
Jonadab
Tamar
Tecua[1]
Aquitofel
Eliazar
Semey
<Cusay>[2]
Pastores

---

[1] En la transmisión común a T y a VT: «Teuia». En la Biblia: «Tecoa» o «Tecua», topónimo.

[2] Ensay según la errónea transmisión común a T y a VT. Conforme a lo que se cuenta sobre Cusay o Chusay o Husay en el Segundo Libro de los Reyes se trata de Cusay en una mala transmisión textual.

Jornada primera

(Tocan cajas, sale DAVID *por una puerta, y por la otra* ABSALÓN, SALOMÓN, ADONÍAS, TAMAR *y* AQUITOFEL.)

SALOMÓN. Vuelva felicemente[3]
de laurel coronada la alta frente
el campeón israelita,
azote del sacrílego moabita[4].
ADONÍAS. Ciña su blanca nieve
de la rama inmortal círculo breve
el defensor de Dios y su ley pía[5],
horror de la gentil idolatría.
ABSALÓN. Himnos la fama cante
con labio de metal, voz de diamante,
de Jehová[6] al real caudillo[7]

---

[3] En P: «Vuelva felizmente», con falta de una sílaba, que solo se arregla con «felicemente». La transcripcion de Rodríguez Cuadros (en adelante ERC): «Vüelva», hace a este vocablo trisílabo y al verso octosílabo. La única forma de asumir la medida heptasílabica es aceptar «felicemente».

[4] En P y en T: «Mohanita».

[5] Sigo a T, frente a «al defensor», en VT. También ERC acepta esto, editando encorchetado [el].

[6] En T: «de Iesba el real caudillo».

[7] En P: «de Jesba el Real Caudillo». Incongruente, al no percibir que se trata de Jehová. Otras variantes imaginativas: «de Lesba» y «de Jesba».

de Filistín al trágico cuchillo[8].

TAMAR. Hoy de Jerusalén las hijas bellas,
coronadas de flores y de estrellas
entonen otra vez, con mayor gloria
del Golías[9] segundo la victoria.

DAVID. Queridas prendas mías,
báculos vivos[10] de mis luengos días
dadme todos los brazos.

(*Abraza* DAVID *primero a* SALOMÓN, *después a* ABSALÓN, *después a* ADONÍAS *y a* TAMAR.)

Renuévese mi edad entre los lazos
de dichas tan amadas.
¡Ay, dulces prendas por mi bien halladas!
Adonías valiente,
llega, llega otra vez; y tú, prudente
Salomón, otra vez toca mi pecho
en amorosas lágrimas deshecho.
Bellísimo Absalón, vuelve mil veces
a repetirme el gusto que me ofreces
en tan alegre día,
y tú no te retires, Tamar mía,
que he dejado el postrero
tu abrazo, ¡ay, mi Tamar!, porque no quiero
que el corazón, en gloria tan precisa,
viendo que otro le espera, me dé prisa.

Para el heptasílabo hay que pronunciar «Jehová» como bisílabo y «real» como monosílabo.

[8] En T: «de Felistin al Trafico cuchillo», nueva incongruencia.

[9] Para la medida del verso se requiere leer «Golías», conforme al uso común de pronunciar el nombre del gigante filisteo. Cervantes, Mira de Amescua y otros, usan Golías. Enmiendo, pues, frente a ERC que mantiene Goliat, añadiendo diéresis: Golïat. Parece más sensato admitir el uso habitual Golías y achacar la grafía «Goliat» a la transmisión.

[10] En T: «vinos», error de oficial de imprenta.

A Rabatha[11], murada y guarnecida,
ciudad del fiero Amón[12], dejo vencida,
sus muros excelentes,
demolidos[13], sus torres eminentes,
deshechas y postradas,
y sus calles, en púrpura[14] bañadas,
gracias, primeramente,
al gran Dios de Israel, luego al valiente
Joab, general mío,
de cuyo esfuerzo mis aplausos fío.

JOAB. Honras, señor, tu hechura.

AQUIT.[15] *ap.* (Infelice, el que sirve sin ventura,
pues habiendo yo sido leal[16] soldado,
no fui de una razón galardonado.)

DAVID. Mas, con haber tenido
tan singular victoria, no lo ha sido
sino el volver a veros,
si bien tantos contentos lisonjeros
confunden su alegría
considerando que el felice día
que vengo victorioso,
que entro por al Alcázar suntuoso

---

[11] La bíblica Rabá o Rábata o Rabathá corresponde a la moderna Amman, capital de Jordania. ERC edita «Rabatá», como oxítona, pero las ediciones no ponen tilde en la sílaba final, lo que apunta a una paroxítona.

[12] En P: «Amán».

[13] En P: «demolidas». El impresor no ha advertido que hay un encabalgamiento sirremático y son los muros los que están demolidos y las torres eminentes las que están deshechas.

[14] En T: en «Púrpuras», métricamente posible, pero poco probable. ERC da cuenta de la variante «púrpuras» en AMS y JP', sin advertir que esta variante ya está en T.

[15] En T: aparece como «Arquitofel», pese a que el Dramatis inicial se le nombre como Aquitofel.

[16] En T: «real soldado», que solo podría admitirse en la acepción «soldado del rey». Preferible leer con VT.

dispón de él a tu albedrío
desde un Polo al otro Polo,
y si no nace de causa
conocida, sino solo
de la natural pensión[41]
de este nuestro humano polvo,
aliéntate, imperio tiene
el hombre sobre si proprio,
y los esfuerzos humanos,
llamado uno, vienen todos.
No te rindas a ti mismo,
no te avasalles, medroso,
a tu misma condición:
mira que el pesar es monstruo
que come vidas humanas
alimentadas del ocio.
Sal de este cuarto, o, pues vienen
a él tus hermanos todos
hoy conmigo, habla con ellos.
Llegad pues, llegad vosotros,
ya que las ternezas mías
pueden con Amón tan poco.

ADONÍAS. Príncipe...
ABSALÓN. Hermano...
SALOMÓN. Señor...
TAMAR. Amón...
AMÓN *aparte.* A esta voz respondo.
TAMAR. ¿Qué tienes?
SALOMÓN. ¿Qué sientes?
ABSALÓN. ¿Qué te aflige?
ADONÍAS. ¿Qué te da asombro?

---

[41] Se toma *pensión* en el sentido de 'trabajo, molestia o cuidado que lleva consigo la posesión o goce de una cosa'.

DAVID. ¿Qué apeteces?
TODOS. ¿Qué deseas?
AMÓN. Solo que me dejéis solo.
DAVID. Si en eso no más estriban
tus deseos rigurosos
vamos de aquí. *(Aparte:)* (Por volver
a hablarle a solas lo otorgo,
que quizá no se declara
por estar delante todos.)
Venid. Ya solo te quedas.
¡Ay, infeliz, qué de gozos,
qué de gustos, qué de dichas
desazona un pesar solo.) *(Vase.)*
JOAB. ¡Qué extraña melancolía! *(Vase.)*
AQUITOFEL. ¡Qué silencio tan impropio! *(Vase.)*
ADONÍAS. ¡Qué violencia tan cruel! *(Vase.)*
SALOMÓN. ¡Qué afecto tan poderoso! *(Vase.)*
TAMAR. Saben los cielos, Amón,
cuánto tus tristezas lloro.
ABSALÓN. Yo no.
ADONÍAS. Absalón, ¿eso dices?
ABSALÓN. Sí, que es heredero heroico
de David, y si él se muere
quedo más cerca yo al solio[42],
que a quien aspira a reinar
cada hermano es un estorbo.
TAMAR. Aunque su muerte sintiera,
me holgara verte en su trono,
que en efecto tú y yo hermanos
de padre y de madre somos.

(Vanse y quedan solos AMÓN *y* JONADAB.)

[42] La alternativa de orden es, en VT, «quedo yo más cerca al solio», cambiando la posición del pronombre *yo*.

AMÓN. Jonadab ¿fuéronse ya?
JONADAB. Sí, señor, unos tras otros
como suelen los dineros
de quien gasta poco a poco,
que piensa que no hace mella
ahora un real y luego otro,
y cuando menos se cata
halla el talego más gordo
hecho esqueleto de angeo[43].
AMÓN. Pues salte fuera, tú y todo.
JONADAB. ¿Ya te olvidas de que tu
valido[44] soy?
AMÓN. No lo ignoro,
que eres tú solo quien tiene
licencia entre mis dudosos
discursos para asistirme,
pero quiero quedar solo.
JONADAB. Yo lo haré de buena gana
que no es rato muy gustoso
el de un amo cuando está
saturnino[45] y hipocondrio,
pero antes que me vaya
he de preguntarte : ¿Cómo
a tu padre y tus hermanos
respondiste de aquel modo?
¿Es posible que ninguno

[43] En T: «anxeo», que es lo que aparece también en Covarrubias y en César Oudin. El angeo o anjeo es un tipo de tela de contextura muy leve, casi como gasa.

[44] Este es un ejemplo de espectacular encabalgamiento sirremático, dejando en final de verso el posesivo y pasando al verso siguiente el sustantivo.

[45] Se toma *saturnino* en el sentido de 'melancólico, deprimido', regido por los humores sombríos del planeta Saturno. Vale como sinónimo de 'hipocondrio' o 'neurótico'.

merezca de tus penosos
males saber la ocasión?

AMÓN. No, si yo propio a mí propio
me la pudiera negar,
la negara, cuando noto
que yo mismo de mí mismo
me avergüenzo, si la nombro.
Es tal que aun de mi silencio
vivo tal vez temeroso,
porque me han dicho que saben
con silencio hablar los ojos.
Tan en lo más retirado
del pecho la causa pongo
de mi pena, que tal vez
al corazón se la escondo,
por que el corazón no pueda,
sobresaltado al asombro
de reconocerla, dar
un golpe más recio que otro.
Tan en lo más escondido
de la vida le aprisiono
que aun este soplo que entra
a dar vitales despojos,
no sabe de ella, por que
no pueda el aire, curioso,
decir, por lo destemplado
de algún suspiro que arrojo:
este sabe de la causa,
pues sale ardiendo este soplo.
En fin está mi dolor
tan atado en lo más hondo
del alma, que el alma misma,
alcaide del calabozo,
no sabe el preso que guarda,
con ser su consejo propio.

JONADAB. Sin duda eres sodomita[46],
que yo otra causa no topo[47]
que a tanto silencio obligue.
AMÓN. ¡Que siempre hayas de ser loco![48].
JONADAB. No está en mi mano el ser cuerdo.

(Dentro, ruido.)[49]

AMÓN. ¿Qué pasos son los que oigo?
JONADAB. Tamar, tu hermana, que habiendo
dejado en su suntuoso
cuarto a David, vuelve al suyo
por ese corredor.
AMÓN. ¿Cómo,
calladas pasiones mías,
a esta ocasión me reporto?
Pero ha de ser a deseo[50],
que aun a solo ver su rostro
no he de salir a la puerta.
Mas, ¡ay!, que en vano me opongo

---

[46] Las alusiones, festivas o malévolas a la práctica nefanda no son raras en el Calderón de estos años jóvenes. Baste mencionar el hilarante discurso de Cosme al comienzo del tercer acto de *La dama duende,* en la versión común de Valencia, Zaragoza y Lisboa, más la traducción de Antoine de Le Metel d'Ouville.

[47] En VT «no toco», pero coinciden T y BM en «topo», verbo usual en Calderón.

[48] La variante de T para este verso es: «¿Que en fin siempre has de ser loco?», que ERC anota como variante de de BM y JP», omitiendo que ya está en T, fuente de ambos. A partir de esta de T, hay otras subsidiarias con error de medida.

[49] En T: *Dentro passos.* ERC anota esta variante en varios testimonios omitiendo que está ya en T.

[50] ERC edita «¡ah, deseo!», pero entiendo que no se trata de un inciso exclamativo, sino del modismo «a deseo», que usan, en ese siglo, Cervantes, Gracián, Castillo Solórzano, Quevedo y María de Zayas entre otros muchos.

TAMAR. Pues ¿por qué se ha de ofender
de verse de ti querida,
si la más desvanecida[64]
mujer, en fin es mujer?
Bien podrá no agradecer
de su honor haciendo alarde,
sentir. No, no te acobarde[65]
nada, que del más tirano
desdén, se queja temprano
el que se declara tarde.
Declárate, pues.

AMÓN. No puedo.

TAMAR. ¿Por qué?

AMÓN. Porque temo y dudo.

TAMAR. Di tu dolor.

AMÓN. Estoy mudo.

TAMAR. Sepa tu mal.

AMÓN. Tengo miedo.

TAMAR. Habla.

AMÓN. Absorto al hablar quedo.

TAMAR. Escríbela.

AMÓN. Es ofendella.

TAMAR. Hazla seña.

AMÓN. Tiemblo al vella.

TAMAR. ¿Es más que una mujer?

AMÓN. Sí.

TAMAR. Pues quéjate, Amón, de ti.

AMÓN. No haré, sino de mi estrella,
cuyo influjo es tan severo
que a morir, Tamar, me obliga,

---

[64] *Desvanecida* se toma en la acepción de 'envanecida', frecuente en la época.

[65] ERC puntúa: «sentir, no. No te acobarde». Entiendo que las dos negaciones son un refuerzo enfático y que no se debe suponer un punto que no aparece en los textos.

antes que a mi dama diga:
«Tú eres el dueño que quiero,
tú la gloria por quien muero,
tú la causa por quien lloro,
tú a quien explicarme ignoro,
tú la deidad a que aspiro,
tú la belleza que admiro,
tú la hermosura que adoro[66].
Compadécete de mí,
hermoso imposible, pues
tan rendido a ti me ves
que me ves morir pot ti».

TAMAR. Basta, no más, que si aquí
te di ese consejo, fue
solo animándote a que
lo digas a ella, a mí no.

AMÓN. Pues ¿acaso he dicho yo
más de que no lo diré?
Si bien tu consejo puedo
decirte que me ha alentado
tanto, que ya me ha quitado
la primer parte del miedo
y, pues olvidado quedo
con el examen que toco,
por que vaya, poco a poco,
perdiendo el miedo al hablar,
que engaños han de curar
la imaginación de un loco,
deja, Tamar, que prosiga
este ensayo a mi dolor,

66 En T: «tú la hermosura que vi», rimando con el verso siguiente, que ya es comienzo de otra décima. En la nota a este verso ERC desliza un error: «tú la hermosa que vi», con omisión de la secuencia interna – ur –. Aquí no hay duda de que VT está siguiendo una edición mejor, salvo que sea enmienda suya, que es posible pero poco probable.

por que lo sepa mejor
cuando a mi bien se lo diga.

TAMAR. Tanto tu pena me obliga
que, si así aliviarla espero,
seguirte la tema[67] quiero,
por si algún descanso adquieres.

AMÓN. Pues haz cuanta que tú eres
la hermosa por quien me muero,
para ver si a su desdén
sabré declararme yo.

TAMAR. Yo haré mi papel, mas no
sé si lo sabré muy bien.

AMÓN. Hermoso imposible, a quien
desde que en un jardín vi
la vida y alma rendí
que ahora de nuevo te ofrezco,
si bien lo que yo aborrezco
no es dádiva para ti.
De este atrevimiento mío
no tengo la culpa yo,
porque en mí solo nació
esclavo el libre albedrío.
No sé qué planeta impío
pudo reinar aquel día,
que aunque otras veces había
tu beldad visto, aquel fue
el primero que te amé
bellísima Tamar mía.
Mas ¿qué he dicho?

TAMAR. Tente, espera,
mira que yo haciendo estoy
la Dama, y Tamar no soy.

---

[67] La *tema* en el sentido de 'obsesión, manía' es de género femenino, como en el gallego actual 'a teima'.

AMÓN. Dices bien, mas de manera
labios y ojos en la fiera[68]
aprehensión de mis enojos
confundieron los despojos
que equívocamente sabios
se arrebataron los labios
en lo que vieron los ojos.

TAMAR. Pues siendo así, de ese error
ojos y labios absuelvo
y al pasado engaño vuelvo:
Amón, príncipe, señor,
aunque yo de vuestro amor
vivo muy desvanecida,
el ser quien soy os impida
tan alto empeño, porque
si así habláis, no volveré
a escucharos en mi vida.

AMÓN. ¿Eso me respondes?

TAMAR. Sí,
mas ¿de qué te afliges, pues
esto fingimiento es?

AMÓN. Pues si es fingimento, di:
¿para qué me hablaste así?
¿Qué te importaba, Tamar,
alguna esperanza dar
a[69] rendimiento tan justo?
¿Tenía más costa un gusto
de fingir que no un[70] pesar?

---

[68] T y BM transmiten un error de rima: «labios y ojos en las sienes». Frente a ello VT sigue un texto correcto, que incluye un encabalgamiento notable «fiera / aprensión». El corolario de todo lo que son las variantes de este pasaje apunta a que VT está siguiendo un texto mejor, que ha de ser de una edición perdida hoy y anterior a 1677.

[69] En T y BM: «al».

[70] La alternativa en T y BM es «el pesar», pero «un gusto» apunta a «un pesar».

TAMAR. No, pero de la manera
que tus labios y tus ojos
confundieron tus enojos
persudiéndote a que era[71]
yo tu dama, considera
que en mí también, confundidos
al oírte, mis sentidos
se equivocaron, más sabios,
respondiéndote mis labios
a lo que oyen mis oídos.
Y así, pues que ser no puede
de efecto alguno este engaño,
pues vemos que[72] en él el daño,
por limitarse, se excede,
en este estado se quede,
que no es fácil de engañar,
Amón, placer ni pesar;
ame tu pecho a quien ama,
que Tamar no ha de hacer Dama
que no hable como Tamar. *(Vase.)*

AMÓN. ¿Quién mayor desdicha vio?
Que aun la piedad de un engaño
se convierta en mayor daño
que el que la verdad me dio?
¿Quién me aconsejará? *(Sale* JONADAB.)

JONADAB. Yo,
cuya curiosidad ciega
hoy, a haber sabido llega
cuál es tu mal y por quién,

---

[71] En T y BM: «persuadiéndote a querer», en contra de la rima. De nuevo VT sigue un texto mejor.

[72] En T y BM: «pues vemos en él el daño», pero la construcción sintáctica requiere la completiva *que*.

DAVID. ¿Qué nueva salva es aquesta
que, con marciales acentos
vuelve a dar voces al aire,
mal respondidas del eco?

(Salen ABSALÓN *y* SALOMÓN.)

SALOMÓN. Danos albricias, señor.
DAVID. ¿De qué, si gusto no espero?
ABSALÓN. De que las naves de Ofir
han llegado a salvamento.

(Salen JOAB *y* AQUITOFEL.)

JOAB. ¿Ya habrás sabido la causa
de este militar estruendo?
DAVID. Sí, Joab.
AQUITOFEL. Segunda vez
vuelve a repetir el viento.

(Tocan y salen SEMEY *y* TECUA, *etíope, y soldados.)*

SEMEY. Dame, señor, a besar
tu real mano.
DAVID. Alza del suelo
y seas muy bien venido,
<tú>[84], Semey.
SEMEY. Forzoso es serlo
viniendo a verme a tus plantas.
De Hiram[85] despachado vengo

[84] Todos los testimonios dan un verso heptasílabo. La enmienda más sencilla consiste en rescatar el sujeto elíptico.

[85] En la edición Vera Tassis, «de Yran», que hace pensar en Irán. Sin embargo las referencias al Templo y a la plata, oro y cedros, nos sitúan en el Líbano y, obviamente, en el rey Hiram, coetáneo y aliado de Salomón.

con tu armada y sus bajeles[86],
monstruos de dos elementos
y[87] entre las varias riquezas
de plata y oro y de cedros[88],
material incorruptible
para la obra del Templo
que tú hacer has prevenido
al Arca del Testamento;
mas, de todos los despojos
que te traigo, te encarezco
esta divina etiopisa[89],
en cuyo bárbaro acento
un espíritu anticipa
sucesos, malos o buenos.

DAVID. Un gusto y un pesar juntos,
Semey, me traes a un tiempo:
el gusto, de tu venida[90],
cuyo cuidado agradezco;
el pesar, de tu ignorancia,

En T y BL «de Iuan»; en BM: «de Inan». Parece claro que el rey de Tiro, proveedor de cedros del Líbano, no era muy popular, por más que sea el responsable de proveer de madera al templo de Salomón.

[86] En T: «con tu armada los baxeles». En BM: «con tu armada: los bajeles». ERC omite indicar que BL, BM y derivadas provienen todas del error conjuntivo inicial en T.

[87] Omitida la conjunción copulativa *y* tanto en T como en BM. ERC anota la omisión en BM.

[88] La deturpación de este pasaje en BM y T es muy llamativa (imaginativa, incluso): BM: «hay cedros» Otros: «hay incendios» o bien «traen dentro». Se trata de aportaciones de rigor tambaleante. En T, *medalla de oro:* «de plata y oro, ay incendios», como en BL, AMS y JP. ERC omite que T concuerda aquí con BL, AMS y JP.

[89] En T: «divina Etiopesa», no mencionado por ERC.

[90] En VT, seguido por ERC: «el gusto es de tu ven ida». Sin embargo la homología estructural «el gusto de tu venida / el pesar de tu ignorancia» avala la lectura alternativa. La inclusión de comas es enmienda mía que aclara (creo) esta idea.

pues has pensado que puedo
tener por grandeza yo
en mi palacio agoreros.
Dios habla por sus profetas,
el Demonio, como opuesto
a las verdades de Dios[91],
habla, apoderado en pechos
tiranamente oprimidos,
y así destierra al momento
esta torpe fitonisa[92]
de mi Corte, y después de esto
los materiales que traes
se guarden, porque aun no es tiempo
que la fábrica se empiece,
que yo labrar no merezco[93]
casa a Dios: quien me suceda
la fabricará; con esto,
que aprendáis a ser piadosos,
hijos míos, os advierto,
pues el gran Dios no permite
que yo fabrique su Templo,
porque manchadas las manos
de sangre idólatra[94] tengo. *(Vase.)*

TEUCA. Aunque responder quisiera
al Rey, no he podido, Cielos,

---

[91] Este verso, necesario para la alternancia del esquema romanceado, está omitido en T y en BM. ERC anota, tal vez maliciosamente, «FG *lo restituye sin anotarlo*». Una prueba más de que VT está siguiendo un texto más fiable y completo que T y BM.

[92] *Fitonisa* es el término habitual en la época para el moderno 'pitonisa'. Todavía en 1899 el DRAE da la entrada «fitonisa» reenviando a «Pitonisa».

[93] Alude el buen rey David modestamente a su tendencia a atender prematuramente a las futuras viudas de sus generales, véase Betsabé.

[94] Sigo a VT frente a la variante de orden «de idólatra sangre» en BM y T.

que está[95] espíritu más noble
aposentado en su pecho
que en el mío, y como al verle[96]
mudo quedó el que yo tengo,
en mí se venga, a pedazos
el corazón deshaciendo.
¡Ay de mí, rabiando vivo!
¡Ay de mi, rabiando muero!

ABSALÓN. ¿Qué frenesí, qué letargo
dio a la etiopisa?

SALOMÓN. ¿Qué es esto?

AQUITOFEL. Sus cabellos y sus ropas
está arrancando y rompiendo.

SEMEY. ¿Teuca?

TEUCA. Sacrílego aleve,
detente, que al verte tiemblo.

JOAB. Advierte...

TEUCA. Injusto homicida,
aparta, de ti iré huyendo,
que tú, lanzas[97] arrojando,
que tú, piedras recogiendo,
me dais horror[98], hasta que
de vuestra muerte herederos
seáis, siendo vuestra muerte
cláusula de un testamento.

---

[95] La lección alternativa de T es «que es su». Parece superior la idea de «está aposentado en su pecho espíritu más noble», con el ajuste de orden para el octosílabo «aposentado en su pecho», exigido por la rima asonante.

[96] En T: «como a verle», lección inferior a «al verle».

[97] La transmisión toledana da «que tus lanzas arrojando / que tus piedras recogiendo», claramente erróneo al omitir que el interlocutor corresponde a un *tú* compartido entre Joab y Semey, el uno alanceando a Absalón y el otro apedreando al rey David.

[98] En T «me dais honor», variante asombrosa, que ERC omite. En VT y BM: «que dais». Parece claro que el original decía «me dais horror» y ha sido deturpado en dos direcciones.

AQUITOFEL. ¡Extrañas locuras dice!
Considera...
TEUCA. Oír no quiero
tu consejo, Aquitofel,
basta[99] que por tu consejo
torpe desesperación
aun te niegue el monumento.
SALOMÓN. Repórtate.
TEUCA. A ti sí haré,
Salomón, que hablar no puedo,
que no ha de saber el mundo
si tu fin es malo o bueno.
ABSALÓN. ¡Que sin propósito habla!
Mira, etiopisa...
TEUCA. Ya veo
que te ha de ver tu ambición
en alto por los cabellos.
¡Ay de mí, rabiando vivo!
¡Ay de mí, rabiando muero! *(Vase.)*
SALOMÓN. Ve tras ella. No el furor
la desespere[100].
SEMEY. Siguiendo
iré sus pasos, dudando
vaticinios que no entiendo. *(Vase.)*
SALOMÓN. Raros delirios ha dicho.
ABSALÓN. Aunque por tales los tengo,
no me ha dejado de dar,
lo que me ha dicho, contento.

---

[99] En T, BM y otras: «hasta que por tu consejo». ERC anota: *«Disiento de la puntuación de las ediciones de* GE *o* FG. *Creo que* torpe *califica más coherentemente a* consejo *que a* desesperación» (pág. 166). Conviene no perder de vista que «desesperación», en la época, es sinónimo de 'suicidio', lo que avala el sintagma «torpe desesperación».

[100] Como ya se ha explicado en la nota anterior, *desesperar* quiere decir 'suicidarse'. El «monumento» es el sepulcro, que se niega a los suicidas.

que al fin ve lo mismo quien[73]
mira jugar, que el que juega.
AMÓN. ¿Luego tú ya has entendido
la causa de mi pasión?
JONADAB. Sí, señor, que no hay mirón
que antes tahúr no haya sido.
AMÓN. Pues un consejo te pido.
JONADAB. Aunque es opinión extraña
que ha menester el que engaña
más maña que fuerza, error
en amor es[74], porque amor
más quiere fuerza que maña.
AMÓN. Mi media hermana es Tamar.
JONADAB. Yo digo lo que yo hiciera
si fuera mi hermana entera,
llegado a encolerizar.
AMÓN. ¿Cómo la he de asegurar?
Que ya Tamar, cosa es clara
que no vuelva aquí.
JONADAB. Una rara
industria tu amor prevenga
para forzarla a que venga.
Y viéndola aquí...
AMÓN. Repara
en que mi padre se ha entrado
en el cuarto.

[73] Aquí hay una sutileza de Calderón: en principio no se debe rimar con la misma palabra, pero en esta décima esa autorrima es solo aparente, ya que el primer «quien» es interrogativo y el segundo es relativo. Gráficamente los diferencia la tilde sobre el interrogativo; en la elocución los distingue la forma de entonar el verso.

[74] En T y derivadas: «en amores». ERC anota correctamente: «Se aprecia la evidente errata en todas las ediciones que siguen estos textos» (pág. 257). En efecto, pero ERC omite que también T coincide con todos ellos, de donde se deduce que es su fuente común.

JONADAB. Pues no hablemos
de esto más[75].
AMÓN. No hay para qué,
pues ya a todo estoy resuelto,
porque piden mis desdichas
a gran daño, gran remedio.

(*Sale* DAVID.)

DAVID. Por haber estado, Amón,
embarazado del pueblo,
que con prolijas lealtades
vino al parabién, no he vuelto
a verte antes.
AMÓN. Yo, señor,
la fineza te agradezco.
DAVID. Pues págamela con otra,
que es no negarme un consuelo
que vengo a pedirte.
AMÓN. Siempre
rendido estoy y sujeto
a tu obediencia.
DAVID. Pues sepa
de qué nacen los extremos
que te afligen.
JONADAB. Yo, señor,
te lo diré.
AMÓN. Calla, necio.
Melancolía y tristeza
los físicos dividieron
en que la tristeza es
causa de algún mal suceso,
pero la melancolía,

[75] Omitido «más» en T, BM y sus derivaciones. ERC no señala que la omisión también se produce en T.

de natural sentimiento,
y así no podré decirlo.
DAVID. ¿De qué nace el padecerlo
cuando sea así? ¿A qué mal
no se aplica algún remedio?
AMÓN. Ya me aplico yo el mejor.
DAVID. ¿Cuál es?
AMÓN. Sentir como siento.
DAVID. Ese no es remedio, antes
es dar al mal más esfuerzos.
AMÓN. Pues ¿qué puedo hacer?
DAVID. Buscar
alegres divertimientos.
JONADAB. De uno le decía yo ahora
harto alegre.
AMÓN. Ya está bueno.
Todos cansan más que alivian,
porque como yo no tengo
gusto, se me vuelven todos
en más pena, porque es cierto
que en el humor que domina
se convierte el alimento.
DAVID. Aunque en metáfora sea
eso que has dicho, yo quiero,
ya que de alimento hablas,
materialmente entenderlo.
¿No es de desesperación
especie que un hombre cuerdo
aun[76] este humano tributo
se niegue a sí?
JONADAB. Sí por cierto.
Yo, que coma[77], y aun de todo,

[76] En T y BM: «con este humano».
[77] En T y en BM las variantes denuncian un error transmitido pero no compartido. En T: «yo que ama y aun de todo / restaba el gano dicien-

le estaba ahora diciendo,
pero no me entiende.

AMÓN. En nada
hallo[78] sazón, y por eso,
o porque es conservación
de la vida, la[79] aborrezco.

DAVID. Pues una cosa por mí
has de hacer.

AMÓN. Yo te la ofrezco.

DAVID. ¿Qué regalo será, Amón,
más de tu gusto? Que quiero
yo cuidar de él y deberte
el que le admitas.

AMÓN. No pienso
que tendré en eso elección,
porque ninguno apetezco,
mas si hubiera de comer
algo, el aliño, el aseo
con que sirven a Tamar
sus criadas, señor, creo
que lisonjeara mi hastío
aquellas viandas comiendo,
y más si ella me trajera
la comida, que un enfermo
más se agrada del cariño,
señor, que del alimento.

---

do»; en BM: «yo que amo y aun de todo / restaba el gene diciendo». El error conjuntivo es la mala lectura de «que coma» en «que amo/ama», con omisión de la *c* inicial. Esto provoca el cambio sorprendente de «le estaba» en «restaba», común a T y a BM. Donde VT sigue fielmente un texto lógico, T primero y BM después conjeturan dos disparates.

[78] En T, BM y asociadas «hallè sazón». ERC omite indicar en su nota que, además de los casos que indica, también se encuentra en T.

[79] ERC edita, contra la lección común a T, BM y VT «lo aborrezco», alegando que «no hay razón para el femenino, puesto que el antecedente es el alimento». No es evidente, también puede ser «la vida».

JONADAB. Y es verdad, porque una dama,
con las pinzas de los dedos
trinchando[80] los bocaditos,
hará que los[81] masque un muerto.

DAVID. Pues yo, Amón, diré a Tamar
que[82] venga ella misma luego
a traerte de comer
y mandaré, al mismo tiempo,
que los músicos te canten
por ver si así te divierto. *(Vase.)*

AMÓN. El Cielo aumente tu vida,
que yo, en aqueste aposento,
esperaré ese favor.
Ven, Jonadab.

JONADAB. Bien se ha hecho
hasta aquí.

AMÓN. No, sino mal,
pues traidoramente intento
añadir, desesperado,
culpa a culpa, incendio a incendio,
pena a pena, error a error,
daño a daño y riesgo a riesgo.

(Vanse, tocan un clarín y sale DAVID*)*[83].

---

[80] En BM «trinchando», frente a «tronchando» en los demás testimonios. La lógica y el uso avalan la variante de BM. ERC aporta la entrada *tronchar* en Autoridades, con la significación de 'partir o cortar algo por el tronco o tallo', pero «los bocaditos» encaja mejor con la acción de *trinchar* que con la de *tronchar,* que requiere la idea de *tallo* o *tronco*.

[81] En T: «que lo masque», cuando el referente es «los bocaditos», que avala el plural.

[82] En T: «venga ella misma luego», con omisión del *que* completivo, difícilmente justificable. Omitido en ERC.

[83] En T la acotación es: *Sale David, tocan trompetas.*

SALOMÓN. ¿Qué te ha dicho?
ABSALÓN. Que he de verme,
si bien, Salomón, me acuerdo,
por los cabellos, en alto[101].
SALOMÓN. Pues ¿cómo interpretas eso?
ABSALÓN. Hermosura es una carta
de favor que dan los cielos
y su sobrescrito al hombre:
<ya> todo[102] el común afecto
está en mí, todos lo[103] dicen,
que no creyera a mi espejo:
es tan grande, que este solo
desperdicio de su imperio
en cada un año me vale
de <esquilos>[104], muchos talentos.
De Jerusalén las damas
me la compran, que a su aseo
yo soy quien les deja alguna
adoración de alimentos,
pues, siendo así que yo amado

---

[101] Restituyo la coma para resaltar la habitual ambigüedad del vaticinio: «por los cabellos en alto» es «colgado en alto por los cabellos», pero «por los cabellos, en alto», que es lo que quiere entender Absalón, vale por «en alto a causa de los cabellos».

[102] En T: «y todo». En las demás: «y a todo». Enmiendo «y a todo» en «ya todo». El sobrescrito no puede ir «a todo el común afecto». Lo que dice Absalón es que «ya todo el común afecto está en mí», es decir: ya tengo el favor del pueblo.

[103] Sigo a T: «todos lo dicen». No entiendo el referente de *los* en «los dicen».

[104] Todas las transmisiones coinciden en «esquilmos», pero, conforme a Covarrubias, el *esquilmo* es 'el fruto que se saca de las viñas y de las olivas' (es decir, vino y aceite), pero el pasaje se refiere al esquilado de las ovejas y, por extensión, al esquilo o tonsura de los cabellos de Absalón. El propio Covarrubias lo confirma al hablar, en la entrada «esquilar», de que «los señores del ganado combidavan aquellos días a sus deudos y amigos; y assí Absalón combidava, aunque cautelosamente, a su padre y a sus hermanos para el esquilo de sus ganados». Los esquilos del ganado, frente a los esquilmos de las vides.

soy de todos, bien infiero
que esta adoración común
resulte en que todo el pueblo
para rey suyo me aclame
cuando se divida el reino
en los hijos de David;
luego justamente infiero,
pues que mis cabellos son
de mi hermosura primeros
acreedores, que a ellos deba
el verme en tan[105] alto puesto,
y así vendré a estar entonces
en alto por los cabellos.

SALOMÓN. ¡Que por ellos has traído
la aplicación al concepto,
pues quieres que una hermosura
afeminada, en los pechos
de todos engendre más
amor que aborrecimiento!

ABSALÓN. Cuando la hermosura cae
sobre el valor que yo tengo
¿por qué no?

SALOMÓN. Porque hay en hijos.
de David merecimientos
que te prefieren[106] en todo.

ABSALÓN. No serás tú, por lo menos,
reliquia de dos delitos,
homicidio y adulterio.
Hablen Bersabé y Urías,
una, incasta, y otro, muerto.

SALOMÓN. De tu padre has murmurado,
Absalón, y aunque yo puedo

---

[105] Sigo a T frente a «en el alto puesto», común a VT y otros.

[106] El verbo *preferirse* se toma aquí en la acepción de 'estar por delante de'.

por mis manos castigar
tan osado atrevimiento
el Cielo me ata las manos,
quizá porque él quiere hacerlo,
que[107] ofensas de un padre siempre
las toma a su cargo el Cielo. *(Vase.)*

JOAB. Cuerdamente ha respondido.

AQUITOFEL. Siempre el temor fue[108] muy cuerdo.

JOAB. Antes siempre la cordura
fue muy valiente.

ABSALÓN. ¿Qué es eso?

AQUITOFEL. Joab, ¿qué es de Salomón?

ABSALÓN. ¿A mí os andáis oponiendo
toda la vida?

JOAB. Yo siempre,
la razón, señor, defiendo.

ABSALÓN. La privanza de mi padre,
Joab, os tiene muy soberbio.
Vos de mí os acordaréis[109]
cuando esté en el alto puesto
que mi valor me previene.

JOAB. Entonces haré lo mesmo[110]
y aun quizá entonces tendré
más ocasión para hacerlo. *(Vase.)*

ABSALÓN. ¿A mí me amenazas?

AQUITOFEL. Tente,
señor, mira que aun no es tiempo
de empezar a declarar

---

[107] Omitido este *que* ilativo en T y sus derivadas. ERC lo anota solo en BM, BS y secuelas, pero la omisión originaria está ya en T.

[108] Coinciden en «fue» BM y T, con sus derivados, frente a «es muy cuerdo» en VT.

[109] Este verso falta en T, BM y derivadas.

[110] En T: «lo mismo», que altera la asonancia. ERC anota esta variante solo en AMS, sin aludir a la alteración de la asonancia.

lo que tratado tenemos
entre los dos, porque importa
ganar algunos primero.

ABSALÓN. En todo quiero seguir,
Aquitofel, tus consejos.

AQUITOFEL. Ellos te pondrán adonde
aspiran tus pensamientos.

(Tocan instrumentos.)

ABSALÓN. De ellos y de ti[111] lo fío,
pues los dos... pero ¿qué es esto?

AQUITOFEL. Tamar de su cuarto sale
con mucho acompañamiento
y va hacia el cuarto de Amón.

ABSALÓN. Divertir sus sentimientos
quiere con músicas. Vamos,
Aquitofel, que no quiero
hablar ahora en otra cosa,
sino en los designios nuestros.

(Salen todos los músicos y las damas con platos y toallas, y TAMAR.)

MÚSICOS. *De las tristezas de Amón,*
que es Amor la causa es cierto,
que solo Amor se atreviera
a herir tan ilustre pecho.
Mas, ¡ay!, que es engaño
pensar que le ha muerto,
que no tiene amor
quien tiene silencio.

---

[111] En BM, T y otros: «de mí». De nuevo ERC omite que esta variante está ya en T, anotándola solo en BM, BL y derivadas. La lógica de la situación pide «de ti».

(Salen AMÓN *y* JONADAB.)

JONADAB. Ya entra en tu cuarto Tamar.
AMÓN. ¡Qué osado mi pensamiento
sin verla está, y qué cobarde
al verla! Todo yo tiemblo.
TAMAR. No me agradezcas, Amón,
esta visita, que hoy vengo
porque mi padre lo manda
a servirte.
AMÓN. Sí agradezco,
pues tu obediencia resulta
en mi dicha. *(Aparte.)* (Yo estoy muerto.)
TAMAR. Música y manjares traigo,
para lisonjear a un tiempo
dos[112] sentidos.
AMÓN. Mucho agravias[113]
al mayor de todos ellos.
TAMAR. ¿Cuál es?
AMÓN. La vista, porque
vianda y música trayendo
para el gusto y el oído
te has olvidado *(Aparte:)* (yo muero)
de que traes para los ojos
hermosura, si no infiero[114]
que piensas que no la traes
porque me imaginas ciego.
TAMAR. Si de aquel pasado engaño
te han sobrado esos requiebros,

---

[112] Coinciden BM y T en «dos sentidos» (oído y gusto), frente a «los sentidos» en VT y otras. De nuevo ERC lo anota en BM y lo omite en T.

[113] En BM y T: «mucho agravio», que puede aceptarse asumiendo una elipsis verbal.

[114] En la edición de ERC: «infierno», pero el pasaje pide un verbo, no un sustantivo.

mira que los desperdicias
en vano, porque hoy intento
que alivien tus penas más
verdades que fingimientos.

AMÓN. Ea pues, cantad vosotros
y por que vuestros acentos
suenen de lejos más dulces[115]
cantad desde otro aposento.

JONADAB. Sí, que música y pintura
parecen mejor de lejos[116]

TAMAR. Ahí fuera podéis cantar. *(Vase la música.)*

AMÓN. ¡Ce, Jonadab!

JONADAB. Ya te entiendo:
cerrar la puerta y que canten
todos. ¿No me dices eso?[117]. *(Vase.)*

AMÓN. Sí. *(Dentro cantan.)*

TAMAR. Come tú mientras cantan[118].

AMÓN. En escuchar me divierto.

Él, y músicos. *Que no tiene amor*
quien tiene silencio.

---

[115] El verso alternativo en T es: «no suenan bien desde cerca», que ERC solo anota en BM y derivadas.

[116] En T: «disuena más à lo lexos», variante que ERC omite, anotando solo la variante «no suenan bien desde cerca», común a BM y derivadas.

[117] Este verso en BM se da como: «Ea, ¿no es eso?». En T: «todos, ea, no me decís eso?». En otras: «Ea, ¿no me dices eso?». Entiendo que en ambos casos *ea* es una apoyatura extraña al autor, explicable por la pérdida de *todos*. Pero todos es común a T y a VT, lo que avala el encabalgamiento en el texto original. ERC agrupa a T con BM y AMS, que comparten «ea, ¿no me dices eso?», sin advertir que T comienza el verso con el mismo *todos* encabalgado con que lo hace VT.

[118] Aquí hay un ejemplo excelente de variante con valor ecdótico; en T: «Mientras cantan, come tú», que es un octosílabo en agudo, si uno olvida que la réplica «Sí», de Amón, pertenece a este mismo verso. Lo que sí responde a la medida correcta es la lección de VT: «Come tú mientras cantan»; 7 sílabas más el «Sí» de Amón. Es VT el único que da este octosílabo de forma correcta.

AMÓN. Y así, divina Tamar,
no admires mi atrevimiento,
sino que las leyes rompo
del decoro y del respeto.
Esta hermosa mano blanca[119]
permíteme que, no haciendo
de lirios[120] áspides, sirva
de triaca a mi veneno.

TAMAR. Suéltame la mano, Amón,
que ya quejarte es extremo
de un engaño.

AMÓN. Si lo fuera
dices bien, pero ya es tiempo
de que la prisión le rompa[121]
el lazo a mi sentimiento.

Él y músicos. *Que no tiene amor*
quien tiene silencio.

AMÓN. Yo muero por ti, Tamar;
no puedo[122] a mayor extremo
llegar, que a morir por ti
mi confianza me ha muerto.

TAMAR, *ap.* (¡Quién pudiera prevenirlo!)[123]
Mira, Amón...

AMÓN. Ya nada veo.

---

119 En T: «blanca mano». Ambas son correctas métricamente. Sigo a VT, más fiable en el pasaje completo. ERC anota la variante en BM y derivadas y la omite en T.

120 En T «delirios áspides», variante que ERC anota en AMS y JP y omite que proviene de T.

121 En T: «de que la prisión ya rompa», que ERC anota como variante de BL y otras derivadas, pero omite que provienen todas de T. En BM «la prisión lo rompa».

122 En T: «no pude», correcto y asumible, pero que apunta a un error de oficial de imprenta. La variante «no puede», en BM y derivadas se explicar a partir de «puedo» o de «pude».

123 En T: «Mas quien pudo prevenido?», repetido por BM y derivadas.

TAMAR. ... que soy tu hermana.
AMÓN. Es verdad,
pero si dice un proverbio:
«La sangre sin fuego, hierve»
¿qué hará la sangre con fuego?
TAMAR. En nuestra ley se permite
casarse deudos con deudos.
Pídeme a mi padre.
AMÓN. Es tarde
para valerme del ruego.

(Sale un músico.)

TAMAR. ¿Hola?
AMÓN. Que cantéis os manda
Tamar.
TAMAR. ¿Yo?
MÚSICOS. Ya obedecemos[124]. *(Vase.)*

(Cantan dentro sin cesar y mientras los dos representan.)[125]

AMÓN. No he de dejar de gozarte.
Jonadab, cierra al momento.
Dentro, JONADAB. Ya está la puerta cerrada.
TAMAR. Mira el riesgo.
AMÓN. No le temo.
TAMAR. ¡Padre, señor! ¡Absalón![126].
AMÓN. Tu voz ya no es de provecho

---

[124] La variante T y derivadas es igual de válida: TAMAR ¿Yo, cuándo? *Músico:* Ya obedezco.

[125] Esta es la acotación de VT. La variante de T es interesante: *Cantan lo que quisieren mientras / hablan.*

[126] ERC puntúa: «¡Padre! ¡Señor! ¡Absalón!», pero tanto *padre* como *señor* se refieren a su padre, David.

con esa dulce armonía. *(Canten.)*[127]
TAMAR. Pues daré voces al Cielo.
AMÓN. El Cielo responde tarde.
TAMAR. Pues matarate este acero,
si me sigues, porque yo
fuerza mucha y valor tengo.

(Sácale la espada.)[128]

AMÓN. Al sacarla me has herido,
y aunque puede ser agüero,
ya no temo cosa alguna;
cuando esta violencia intento. *(Éntranse.)*[129]
la he de seguir, ya una vez
declarado, pues es cierto.
Él y músicos. *Que no tiene amor*
quien tiene silencio.

---

[127] La acotación en T y derivadas es: «*Estén cantando*». Tampoco aquí anota ERC que el origen está en T.

[128] En ediciones tardías: «*Sácale la espada y huye*».

[129] ERC anota: «*La acotación* (Éntranse) *no aparece en VT ni en Ap o JS. Tiene razones de puro decoro*». Es una reflexión crítica de ERC, que omite el hecho relevante de que esta acotación ya está en T. La acotación tiene sentido conforme a los dos versos que la siguen, comunes a todas las variantes del relato. Según esto, Tamar se nos presenta como la futura guerrera que veremos en el tercer acto, secundando la rebelión de su hermano. Calderón omite el relato de la violación de Tamar y la continuación bíblica, que son esenciales en la obra de Claramonte editada a nombre de Godínez y de Tirso. Calderón presenta los hechos ordenados según la lógica de la historia de Absalón, como el título lo indica. La intrusión del tercer acto de *La venganza / fuerza de Tamar* desvirtúa toda la percepción calderoniana, en la que Tamar y Tecua secundan la rebelión de Absalón.

El mayorazgo

(Entremés famoso que se hizo en el auto «Lo que va del hombre a Dios», año 1642.)

PERSONAS

DON COSME[130]
DOS AMIGOS
JUANA
DON PÁNFILO
EL DOCTOR
SABIDILLA

(Sale DON COSME, *de caballero ridículo, y* DOS AMIGOS.)

[AMIGO] 1.º ¿Que no hemos de saber vuestro cuidado?
DON COSME. ¡Ni habéis visto, ni oído, ni pensado
pena como la mía!
Perdí mi bien, perdí mi compañía.
[AMIGO] 2.º A sus amigos ¿quién su mal no dice?

[130] Creo que se puede proponer, sin mucho riesgo, que este Cosme es el gran Cosme Pérez, creador de la máscara de Juan Rana. Cosme Catiboratos o Catiborratos es también el magnífico gracioso de *La dama duende.*

DON COSME. ¡Ay, mísero de mí, ay infelice!
1.º Hablad, pues veis que a consolaros vengo.
2.º Decidnos qué tenéis.
DON COSME. Tengo y no tengo.
1.º ¿Tengo y no tengo? Vuestro mal es raro.
DON COSME. Pues no puedo decíroslo más claro.
porque en *tengo* y *no tengo* decir quiero
que tengo amor y no tengo dinero.
2.º En fin ¿a quién amáis?
DON COSME. Es mi homicida
la más hermosa carirrelamida
que ha visto el sol, y su beldad contiene
otro prodigio.
Los dos. ¿Qué es?
DON COSME. Tiene y no tiene.
1.º ¿Tiene y no tiene? Son contrariedades.
DON COSME. Es que aquesta beldad de las beldades
tiene y no tiene, para que os convenza,
mucha hermosura y muy poca vergüenza.
2.º ¿Cómo se llama aquesa maravilla?
DON COSME. Llámase Marisabidilla
y es hija de don Pánfilo Roñoso,
un viejo tan avaro, tan celoso
que casi, casi (exagerarlo quiero)
guarda a su hija como a su dinero.
1.º Y aquese, ¿es mucho mal?
DON COSME. Pues ¿no es bastante?
2.º No, porque el viejo os la dará al instante,
porque le consta cómo estáis sobrado
teniendo un mayorazgo tan honrado
como <ese> que tenéis.
DON COSME. Esa es mi herida,
que el mayorazgo ha muerto de por vida.
1.º Pues ¿quién os le mató?
DON COSME. El viejo taimado,
viendo que estaba un día ejecutado

por una deuda <y> con sus intereses
me dio el dinero, con que a pocos meses
corrieron de tal modo
que me alcanzaron hasta vender todo
mi mayorazgo al mismo (anduve necio)
menos que en la mitad del justo precio.
Y aun no es esta mi pena más esquiva,
porque, como le importa que yo viva
para cobrar la renta
ha tomado mi salva por su cuenta[131]
guardándome de suerte
que teme más mi muerte que su muerte:
en mis más leves males
los catarros se hacen sincopales.

1.º Decidme: y en la hija ¿hay esperanza?

DON COSME. Mil favores mi amor con ella alcanza
y, como es mi vecina,
por una guarda[132] que de su cocina
a mi tejado cae, de noche hablamos,
donde nocturnamente lamentamos
no casarla del padre la codicia.

2.º ¿Habrá más que sacarla por justicia?

DON COSME. ¿Y que me pase a mí lo que a vos pasa?[133]:
la hacienda fuera y la mujer en casa.

1.º Pensemos otro medio[134].

---

[131] En el manuscrito y en la edición Granja: «mi salva ha tomado por su cuenta», que obliga a un improbable hiato: «salva ha tomado». Parece más sensato proponer un sencillo cambio de orden.

[132] *guarda* o *guardilla,* la moderna 'buhardilla'.

[133] En la edición Granja: «a vos os pasa», con una síalaba supernumeraria.

[134] En la edición Granja: «otro remedio», con una sílaba supernumeraria. Error de copia por prolepsis de «remedio» en el verso siguiente. Es impensable una autorrima en Calderón.

2.º Oíd, que[135] se me ofrece un buen remedio:
los dos hemos de hacer... Mas, gente ha
[entrado.

DON COSME. ¿Quién es?

(Sale JUANA *con manto.)*

JUANA. Yo soy.
DON COSME. ¿Qué hay, Juana?
JUANA. Un mal recado
de mi ama.
DON COSME. ¿Qué dice?
JUANA. Que es tan triste mujer, tan
[infelice
que sin remedio...
DON COSME. Dime lo que pasa.
JUANA. Su padre con un médico la casa,
solo por que procure
tu salud y de balde a ti te cure,
que mires qué has de hacer para sacalla
de aqueste empeño.
DON COSME. No prosigas. Calla,
que viene tu amo allí.
JUANA. Que no me vea
conviene.
2.º Ni a los dos, por si es que sea
de provecho el remedio que he pensado.
DON COSME. Pues retiraos los tres a aqueste lado
y atended cuánto es mi suerte escasa
con sus curas.

(Escóndense JUANA *y los dos amigos y sale* DON PÁNFILO, *el Vejete.)*

---

135 En Granja: «que a mí se me ofrece». Distracción de copista que altera el verso.

DON PÁNFILO. Dios sea en esta casa.
DON COSME. ¿Sois Don Pánfilo, vos?[136].
DON PÁNFILO. Con el cuidado
de cómo aquesta noche habéis pasado
vengo. Descolorido
me parece que estáis.
DON COSME. Mal he dormido
que el sereno de anoche me hizo daño.
DON PÁNFILO. Luego ¿andáis al sereno?
DON COSME. ¿Es muy extraño
que a pasearme...
DON PÁNFILO. ¡Qué escucho!
DON COSME. ...un rato salga?
DON PÁNFILO. Y mucho.
¿Con qué conciencia andando (eso es muy [bueno)
mi hacienda en vos, andéis vos al sereno?
No os suceda otra vez, y ya que os hizo
daño, por que no pase a romadizo
acción tan indiscreta
os habéis de poner esta birreta.
DON COSME. ¿Birreta, yo?
DON PÁNFILO. Es inútil la porfía,
que os la habéis de poner ¡por vida mía!
DON COSME. Por esa vida, aunque verano sea
a embirretar me allano. *(Pónesela.)*
DON PÁNFILO. Las birretas son frescas, de verano.
¿Sentís otro accidente?
DON COSME. Mil enojos
me causa un corrimiento de los ojos,
y aun ahora los dolores son más vivos.

---

136 El Vejete entra en escena en atuendo de médico, lo que en principio le hace irreconocible.

DON PÁNFILO. Estos antojos son preservativos.
Tomad, veréis qué bien os va con ellos
DON COSME. Yo veo bien.
DON PÁNFILO. ¡Por mi vida que traellos
habéis siquiera aqueste mes, que es llano
ser los antojos frescos en verano!
[(Póneselos.)
DON COSME. No para quien mis váguidos padece
y con ellos la luz le desvanece.
DON PÁNFILO. ¿Váguidos?¿Qué decís?
DON COSME. Que suelen darme,
y me caigo si no hay dónde arrimarme.
DON PÁNFILO. Contra aquese accidente que os inquieta
también habéis de usar de esta muleta.
DON COSME. ¿Muleta, un mozo?
DON PÁNFILO. Lo rehusáis en vano,
que ellas también son frescas de verano.
[(Póneselas.)
DON COSME. ¡Ay!
DON PÁNFILO. ¿Qué sentís?
DON COSME. Como otras veces suele,
más que nunca el estómago me duele.
DON PÁNFILO. ¿Traéis estomaticón?
DON COSME. Nunca le he usado.
DON PÁNFILO. Pues esperad (yo traigo uno extremado)
a que me desabroche:
de él usad, sin quitarle día y noche.
Desabrochaos, veréis cómo os le dejo
tal, que os arranque, como a mí, el
[pellejo.
DON COSME. ¡No haré tal!
DON PÁNFILO. ¡Sí hará tal! Que, ¿qué cristiano
sin estomaticón anda en verano?
Y para que veáis cuánto me debe
vuestra salud, en un instante breve
traeré un médico, a quien he señalado

al año, por que os cure con cuidado,
dé salario a mi hija, y pues resuelvo
curaros, esperad, que al punto vuelvo.
[(Vase.)

(Salen los dos amigos y JUANA.)

1.º ¡Por Dios, que os ha dejado
muy bien, el tal don Pánfilo, alhajado!
DON COSME. ¿Qué os parece?
2.º Que yo no le sufriera.
DON COSME. Es fuerza, por aquella hermosa fiera:
ella es todo mi daño.
JUANA, *aparte:* ¡Triste de quien la sufre todo el año!
DON COSME. Dirás a tu señora, Juana mía,
que, luego que la noche apague el día,
por la guarda hablaremos,
donde el remedio a tanto mal tratemos.
2.º Mejor es que la digas
que no reciba sustos ni fatigas
de nada que oiga y vea
JUANA. Adiós, porque no sea
que vuelva el viejo. *(Vase.)*
DON COSME. ¿No sabré qué ha sido
lo que habéis conferido,
que enviáis a decir que no se asuste
ni aflija, ni disguste?
1.º El remedio más cierto
es, don Cosme, que vos os finjáis
[muerto
cuando los dos... mas esto, porque
[vuelve,
sabréis después.
DON COSME. En todo se resuelve
mi amor a obedecer vuestro consejo.
2.º ¡A esconder, que entran ya doctor y viejo!

(Escóndense los dos y entran DON PÁNFILO *y el* DOCTOR.)

DON PÁNFILO. Señor doctor, aquí está
vuestro encomendado enfermo,
de cuya vida mi vida
depende.

DOCTOR. Dejarle ofrezco
de suerte que no le duela
nada.

DON PÁNFILO. Así de vos lo creo.

DON COSME. También yo.

DOCTOR. Usted me conozca
por su curador.

DON COSME. Yo tengo
de serviros.

DOCTOR. ¿Qué es el mal?

DON COSME. Hoy no he amanecido bueno.

DOCTOR. Ni el pulso lo está, que está
delirante, turbulento
y intercadente.

DON PÁNFILO. ¿Qué escucho?
¿Turbulento, mi dinero?
¿Delirante y intercadente?

DOCTOR. Decid, que importa el saberlo,
lo que cenasteis anoche.

DON COSME. Nada, porque yo me reglo
mucho: solo una ensalada
de tomates, y entre ellos
unos pepinos.

DON PÁNFILO, *aparte.* (¿Que él
no reviente, y yo reviento?)
¡Hombre del diablo! ¿Qué dices?

DOCTOR. Y ¿qué comisteis, tras eso?

DON COSME. Solo un salpicón de vaca.

DON PÁNFILO. Ya escampa...

DON COSME. Y un vaso lleno
de garapiña de aloja,
porque yo, gracias al Cielo
en beber me reglo mucho.
DOCTOR. Milagro es que no estéis muerto
según os regláis.

(Salen los dos y, con las espadas desnudas, fingen que le matan.)

1.º ¡Ahora
lo estará, si yo me vengo!
2.º ¡Muera a nuestras manos!
1.º ¡Muera!
DON COSME. ¡Traidores, que me habéis muerto! *(Cae.)*
DON PÁNFILO. ¡Expiró mi mayorazgo!
1.º ¡Nadie se nos ponga en medio!
DOCTOR. Yo a un lado estoy.
DON PÁNFILO. Y yo a otro.
2.º ¡Vámonos a un retraimiento! *(Vanse los dos.)*
DOCTOR. ¡Vámonos de aquí nosotros,
no nos hallen aquí dentro
si viniere la Justicia. *(Vase.)*
DON PÁNFILO. Solo me faltaba eso:
el achacarme que he sido
asesino de mí mesmo. *(Vase.)*
DON COSME. ¿Fuéronse ya? Ya se han ido. *(Levántase.)*
¿Qué será el intento de estos
señores y amigos míos?

(Vuelven a salir los dos.)

1.º ¿Paréceos que es poco intento
que lleve la pesadumbre
de pensar que, habiéndoos muerto
ha muerto su mayorazgo?
2.º Y aun no ha de parar en eso.
Decidnos, ¿por la guardilla

podréis entrar allá dentro
de su casa?

DON COSME. Sí podré,
bien que no sin algún riesgo
si no tengo quien me ayude.

1.º Los dos os ayudaremos.

2.º Vamos a reconocer
el sitio, que allá os diremos
lo que habéis de hacer.

DON COSME. En todo
veréis cómo os obedezco.

(Vanse y salen JUANA *y* SABIDILLA, *con luces.)*

SABIDILLA. ¿Dístele el aviso?

JUANA. Sí.
Por señas, que me dijeron
unos que con él estaban...

SABIDILLA. ¿Qué?

JUANA. Que por ningún suceso
que veas ni oigas te asustes.

SABIDILLA. ¿Qué querrán decir con eso?

JUANA. ¡Qué sé yo!

(Sale DON PÁNFILO, *muy asustado.)*

DON PÁNFILO. ¡Triste de mí!

SABIDILLA. Señor, ¿qué tiés?

DON PÁNFILO. Vengo muerto
de unas puñaladas que
me han dado en esotro cuerpo.
¡Ay, hermosa Sabidilla,
mal haya el hombre primero
que pone en talego vivo
su caudal!

SABIDILLA. ¿Vivo talego
hay en el mundo?

DON PÁNFILO. Sí, hija:
cuantos ponen su dinero
en hombre[137] talego vivo
le hacen, no solo sujeto
a tomates y pepinos
y otros salpicones, pero
a puñaladas más frías
que garapiñas.
SABIDILLA. No entiendo
por qué lo dices.
DON PÁNFILO. Porque
a don Cosme nos han muerto.
SABIDILLA, *llora.* ¡Ay, desdichada de mí!
¡Murió todo mi consuelo,
todo mi bien, mi regalo,
mi esperanza y mi remedio,
mi alivio y mi... qué sé yo!
DON PÁNFILO. ¡Qué justo es tu sentimiento!
Llora tu difunto dote.
JUANA, *a ella.* No te aflijas, que por esto
debió de ser el aviso.
SABIDILLA. Con esa esperanza aliento.
A Don Pánfilo. ¿Quién le mató?
DON PÁNFILO. Unos traidores
que en su casa estaban.
JUANA, *aparte.* ¿Veslo?
SABIDILLA. ¡Que fuera... que fuera engaño!
DON PÁNFILO. ¡Qué desmayado me siento!
Traime, Juana, un jarro de agua.
SABIDILLA. Ve por él, mientras yo entro
por un bote de manteca
de azahar para untarle el pecho. *(Vanse.)*

137 Hay aquí una malicia evidente basada en el polisemia de *hombre,* que es también el juego de cartas más aludido en la época, con varias loas y entremeses festivos.

DON PÁNFILO. ¡Ay, perdido mayorazgo,
solos seis meses y medio
cinco días y tres horas
te gocé! Ya el heredero

(Siéntase en una silla.)

habrá tomado de ti
posesión, que es lo primero
que los herederos hacen
antes que... *(Dentro, ruido de cadenas.)*
DON COSME, *dentro.* ¡Valedme, Cielos!
LOS DOS, *dentro.* Andá con todos los diablos,
pues tenerte no podemos
ni averiguarnos contigo.
DON PÁNFILO. Mas ¿quién, cadenas y estruendos
causa en mis desvanes?

(Sale DON COSME, *de muerto, con barboque, antojos, birreta y muleta.)*

DON COSME. Yo.
DON PÁNFILO. *Verbum caro, fiteor Deo. (Levántase.)*
DON COSME. No te aflijas, no te asustes
pues con tus alhajas vengo
a pagarte la visita.
DON PÁNFILO. Yo perdono el cumplimiento.
DON COSME. Yo no. A tu asiento te vuelve
mientras tomo yo mi asiento,

(Siéntase en otra silla.)

que me he roto una espinilla
solo por venir de presto
y no puedo estar en pie

a tratar nuestros conciertos.
¿Qué me darás porque aquí
me resucite?

DON PÁNFILO. ¿Cómo eso
puede ser?

DON COSME. Como yo, siempre
que me dan muerte, protesto
la nulidad de la fuerza,
tú, para expensas del pleito
¿qué me darás por que viva?

DON PÁNFILO. Cuanto quisieres te ofrezco.

DON COSME. Pues con solo que me des
a tu hija en casamiento
y mi mayorazgo en dote
resucitaré al momento.

DON PÁNFILO. Partamos la diferencia:
Cuanto a mi hija, vaya, pero
en llegando al mayorazgo
me va faltando el aliento.
¡Jesús mil veces! *(Desmáyase.)*

DON COSME. Quedose
como un pajarito el viejo.

(Sale JUANA *con el agua y* SABIDILLA *con la manteca.)*

JUANA. Aquí está el agua.

SABIDILLA. Y aquí
la manteca.

LAS DOS. Mas ¿qué veo?

DON COSME. Pues, demayado, tu padre
me da para hablarte tiempo
¿qué ha de ser?, ¡sí, dueño mío!,
sino el trance en que me ha puesto
el que a ti no te gradúe
de doctora el casamiento?

SABIDILLA. Por mucho que hagas por mí,
eso y mucho más merezco.
DON COSME. ¿Serás mía?
SABIDILLA. Hasta morir.
DON COSME. ¿No más?
SABIDILLA. [................-e-o]
DON COSME. ¿Quién lo asegura?
SABIDILLA. Mis brazos.

(Vuelve en sí el Vejete y hállalos abrazados.)

DON PÁNFILO. ¡Ay de mí! Pero ¿qué es esto?
DON COSME, *con voz de muerto.*
Esto es llevármela yo
sin resucitar, dispuesto
a que tú lo pierdas todo.
SABIDILLA, *de la misma manera.*
Adiós, padre, que me ausento
porque por algo se dijo
que *El mejor amigo, el muerto.*
DON PÁNFILO. ¡Oh, aleve hija, oh, sensualista
traidor! ¿Que ahora caigo en ello?
¡Yo me vengaré de ti!
¡Acudid, amigos, deudos! *(Salen todos.)*
UNOS. ¿Qué nos mandas?
OTROS. ¿Qué nos quieres?
DON PÁNFILO. Que a vengar me ayudéis quiero
de una ingrata y de un tirano.
DON COSME. Pues ¿qué hay que vengar en esto?
si ella es mía y yo soy suyo?
TODOS. A lo hecho no hay remedio.
UNA. Y pues nos cogió bailando
el susto, y ahora tenemos
más ocasión, no hay sino
que vivamos y bailemos.

Canta.

El que muere de amores
por una niña,
lo mismo que le mata
le da la vida.
Siempe en los que se aman
se ha visto siempre
que se traen una vida
de mala muerte.

Jornada [segunda]

(Salen JOAB, SEMEY *y* JONADAB, *como hablando en*[138] *secreto.)*

JOAB. ¿Y dónde está esa mujer?
SEMEY. Jonadab, que quien por ella
fue a Balasor[139], dirá adónde.
JONADAB. Esperando está aquí fuera,
ya en el traje israelita[140]
disfrazada y encubierta[141],
si bien pudiera excusarlo,
porque la Naturaleza,
por la muerte de lo rubio
la dio un luto de bayeta.
JOAB. Y en fin, tenéis ya, Semey[142],
satisfacción de que sepa
hablar con el rey.

[138] En T: «de secreto».

[139] Conforme a la traducción Reina-Valera: Baalhazor. Las ediciones de *Los cabellos de Absalón* transcribe «Balafor», tal vez por confusión *s/z*.

[140] En BM, T y derivadas «ya en el israelita traje». ERC anota esta variante en BM, BL y otras, pero omite que ya está en T.

[141] Verso omitido en BM, T y sus derivaciones.

[142] En BM y derivadas: «Y en fin, teneis, Semeí.», leyendo *Se-me-í* como trisílabo. Vera Tassis lee igual que T, sin que ERC consigne esta coincidencia.

Semey. No hay
mujer de más alta ciencia
ni de más sutil ingenio
en el orbe.

Joab. ¿De qué tierra
es y qué nombre es el suyo?

Semey. Por patria y por nombre es <Tecua>[143].

Joab. ¿Es la fitonisa?

Semey. Sí,
que la he tenido encubierta
hasta ver el vaticinio
de los dos qué efecto tenga.

Joab. Que ha de ser de un testamento
cláusula la muerte nuestra
dijo a los dos, yo arrojando
lanzas, vos tirando piedras;
pero esto ahora no es del caso
ni yo temo que suceda.
Decidme, ¿está ya advertida[144]
de lo que hoy hacer desea[145]
mi lealtad por Absalón.

Semey. Sí, y[146] antes que entre a la audiencia
os suplico me digáis
qué pretensión es la vuestra.

---

143 En todos los testimonios «Teuca», pero la Biblia confirma que su nombre es Tecua o Tecoa, de la ciudad homónima.

144 En T: «decidme si está advertida»; en VT: «Decidme, ¿está ya advertida». Ambas correctas, cosa que no sucede con el verso «Decidme si está ya advertida», común a BM y derivadas, con una sílaba supernumeraria.

145 En T: «de lo que ya hacer desea», que se modifica en «de la que ya hacer deseo» en BL y derivadas. Está claro que el sujeto de la oración es «mi lealtad», en tercera persona. El cambio de «hoy» (con grafía «oy») en «yo» es metátesis achacable al oficial de imprenta.

146 Esta conjunción *y* se omite en BM y en T. No es imprescindible para la medida del verso, pero parece más probable que en BM y T se haya perdido que lo contrario: que VT la haya inventado.

JOAB. Desde aquel infeliz día
que convertido en tragedia
la real púrpura de Amón
manchó de Absalón la mesa,
Absalón se fue a Gesur
haciendo del rey ausencia,
por ser la provincia donde
Tolomey, su abuelo, reina.
Si se fue Tamar con él
no sé que nadie hable[147] de ella
en Israel, desde el día
que se quejó de la fuerza[148]
a David, y a Balasor
la envió Absalón, de manera
que ella en poder de su hermano
estará, y cuanto[149] yo quiera
decir desde aquí, ha de ser
conjetura, y no certeza.
Yo, viendo pues sospechosa
con Absalón mi obediencia,
por sanear la malicia
y desvelar la sospecha,
su venida he pretendido
sin que mi privanza pueda
en la clemencia del rey
(con ser tanta su clemencia)
hallar entrada al perdón,

---

[147] Coinciden BM y T en el subjuntivo «hable» frente a la alternativa «habla». El uso subjuntivo parece muy natural en este pasaje. ERC anota: «me parece más coherente aceptar la corrección de BM, que respeta la forma verbal de subjuntivo». Sin duda, pero ese subjuntivo no proviene de BM, sino de T, que ERC omite.

[148] La lección alternativa «que esse fuego de la fuerça», común a BM, T y otras, parece incongruente.

[149] En BM: «estaría y quando»; en T: «estarà y quando». VT edita «cuanto», que parece más atinado.

que le han cerrado las puertas
en David los sentimientos
y en todo el reino, las quejas.
Y en fin viendo que no es medio
una pena de otra pena,
ya del ruego despedido
me valgo de la cautela[150],
buscando una mujer sabia,
pues vos me dijisteis de ella,
y ella está informada ya
de lo que mi pecho intenta.
Haced que entre a hablar al rey,
pues no tendrá riesgo el verla[151],
que en las audiencias, las viudas[152]
siempre hablan al rey cubiertas,
que yo le quiero asistir,
hablando en la causa mesma
de Absalón, al propio instante,
haciendo así la deshecha[153]
por divertir sus discursos.

SEMEY. Él sale ya.

JOAB. No nos vea
hablando.

SEMEY. En todo obedezco.
Tú, Jonadab, considera

---

[150] Se toma *cautela* en el sentido habitual en la época de 'astucia, malicia'.

[151] En T y derivadas: «riesgo al verla». ERC solo anota esta variante en BM, BL y derivadas, sin advertir que ya está en T, anterior a todas ellas.

[152] Aquí hay una variante en apariencia fútil, pero en el fondo relevante. Sigo a VT, como hace ERC, frente a «que en audiencia las viudas», omitiendo el artículo *las*. Esto implica algo importante, ya que con el artículo «las audiencias» la pronunciación de «viudas» ha de ser bisílaba, mientras que sin el artículo (en Audiencias) la medida del verso exige pornunciar «viüda» como trisílabo.

[153] La idea de «hacer la deshecha», modismo que Calderón usa varias veces, es el «disimulo con que se pretende ocultar alguna cosa» (NDLC).

que en habiendo hablado al rey
aquesta mujer, con ella
has de volverte a Efraín
y que tiene, es bien que sepas,
un espíritu en el pecho;
si acaso llegas a verla
furiosa, no hay que temer,
que un demonio la atormenta.

JONADAB. Sí hay que temer, y muy mucho
aun por esa razón mesma.

SEMEY. Calla, mira que el Rey sale.

(Salen algunos soldados con memoriales, el REY *tomándolos, y* AQUITOFEL*)*[154].

AQUITOFEL. Mi pretensión es aquesta.

DAVID. Ya la merced de la plaza
de mi Consejo de Guerra
os he hecho.

AQUITOFEL. No es, señor,
lo que mi pecho desea.

DAVID. Por eso mismo os la he hecho,
y por que de esta manera
advirtáis la obligación
que tienen los que aconsejan.
Joab, ¿de audiencia en la sala?[155].

JOAB. Sí, señor, que soy en ella
el primero pretendiente.

DAVID. ¿Tú? ¿Qué pretendes?

JOAB. Que tenga
fin de Absalón el enojo:
dos años ha...

---

[154] En T la acotación es algo distinta: *«Sale el Rey tomando algunos memoriales de algunos soldados, y Aquitofel»*.

[155] En T, la vaciación es leve, pero importante: Joab de la audiencia en la Sala?

DAVID. Tente, espera,
no me hables de Absalón.
JOAB. Advierte...
DAVID. Nada me adviertas.
Mirad si hay quien quiera hablarme.
SEMEY. De negro luto cubierta
una mujer solicita[156],
señor, que la des audiencia.
DAVID. Entre pues.
JOAB. Quieran los cielos
bien esta industria suceda.

(Sale TECUA, *vestida de luto, echado el manto.)*

JONADAB. ¿A esta negra endemoniada[157]
no le bastara[158] ser negra?
TECUA. Señor, yo soy una pobre
viuda, que a las plantas vuestras,
solicito hallar amparo
contra una grande violencia
que me hacen vuestros jueces,
porque aunque razones tengan
en la justicia fundadas,
tal vez debe la prudencia
moderar a la justicia,
pues no es dudable que sea
tiranía, que la ley
a lo que pueda se extienda.

---

[156] En BM, T y derivadas se altera el orden de los versos creando un error en la secuencia asonante.

[157] El verso en T es: «A esta negra endemonia», con omisión de la sílaba final y atentado a la métrica.

[158] «Bastara», sin tilde, con el uso de imperfecto de subjuntivo. ERC lo edita como «bastará». En T: «bastaua», en imperfecto de indicativo, también posible.

JONADAB. ¡Qué fuera de ver que ahora
la diera la pataleta!
DAVID. Levantad, decid.
TECUA. Yo tuve
dos hijos, señor, que eran,
difunto ya mi marido,
el consuelo de mis penas.
Estos[159] en el campo un día
tuvieron una pendencia
entre sí, de los primeros
hermanos la amarga herencia.
No hubo quien los <despartiese>[160],
de suerte que con la fiera
cólera, mató uno al otro.
¡Ah, bárbara pasión ciega
de la ira, que, irritada,
ni aun de su sangre se acuerda!
Vino a casa el fratricida
pidiéndome que le diera
con qué ausentarse, por que
la justicia no le prenda.
Yo, viendo ya un hijo muerto,
siendo a un tiempo en mis tristezas
la parte para llorarlas
y la parte contra ellas,
traté de ocultar al vivo[161]

---

[159] En T, BM y derivadas: «Essos». ERC omite indicar que la variante ya está en T.

[160] En T: «quien los espartiese»; en VT «quien los esparciese». Entiendo que ambas son deturpaciones de «despartiese», del verbo «despartir: meterse de por medio de los que riñen para ponerlos en paz». Enmiendo conforme a ello y conjeturo que en el impreso orignal se perdió la *d-* inicial,

[161] En T, BM y derivadas «el vivo». Al ser el objeto directo de persona debe incluir el índice funcional *a,* dentro de la contracción *al.*

por que entrambos[162] no perezcan.
Los jueces, pues, de Israel,
haciendo mil diligencias
buscándole, han pronunciado
contra mí aquesta sentencia:
que entregue a mi hijo o que yo,
porque le he ocultado, muera.
Mirad, señor, si es justicia
que llegue a entregar yo mesma
un hijo solo, en quien hoy
las cenizas se conservan
de su padre, que aunque he sido
la interesada en la ofensa,
más lo soy en el reparo
de su vida, porque fuera,
perdido uno, entregar otro,
doblar[163] al dolor las fuerzas.
Piedad, gran señor, os pido.

DAVID. No llores, mujer, no temas,
que no mereces morir
porque a tu hijo defiendas;
antes es justa piedad
la tuya, y más yerro hicieras
si, muerto el uno, acusaras
al otro, pues cosa es cierta
que hace más el que perdona
su dolor que el que se venga.

TEUCA. ¿Eso dices?

DAVID. Esto digo,
y una y mil veces mi lengua
repetirá que es piedad
guardarle.

---

[162] En BM y T: «porque los dos»; en VT «entrambos». En este caso sigo a VT, porque «entrambos» es muy frecuente en Calderón.

[163] En T: «dobla al dolor», con omisión de la marca de infinitivo.

TEUCA. Luego con esa
razón, ¿convenido[164] estás?
DAVID. ¿De qué?
TEUCA. De la ira que muestras
tener hoy contra Absalón,
pues, opuesto a tu sentencia,
muerto uno y ausente otro,
quieres que entrambos se pierdan.
Vuelva Absalón a tu gracia[165]
o verá Israel que yerras[166]
en no hacerlo, pues no obras
lo mismo que tú sentencias.
DAVID. Espera, mujer, aguarda;
no porque castigar quiera
tu engaño, mas por saber
si es Joab quien te aconseja
que intentes aqueste juicio.
Dilo y mira no me mientas.
TEUCA. Sí, señor.
DAVID. Pues vete en paz,
que yo haré lo que convenga.
SEMEY. Esta vez de su privanza
cae Joab.
AQUITOFEL. El Cielo <lo> quiera[167].
SEMEY. Ve con ella.

---

[164] Sigo la lección concordante de BM y T, frente a «convencido», que me parece una *facilior* de VT. El verbo *convenir* vale por 'concordar, ser de un mismo dictamen' (NDLC), que parece lección superior a 'convencido'.

[165] Coinciden BM y T en «a su patria», perfectamente asumible, pero parece superior «a tu gracia», según VT.

[166] En T y derivadas: «que yerra».

[167] En todos los testimonios «El cielo quiera», pero si conforme al uso, Joab es monosílabo, falta una sílaba para el verso. Enmiendo en la idea de que se ha producido una omisión de «lo» al estar repetido en contacto. Si no se acepta esta enmienda hay que prununciar «Jo – ab».

JONADAB. Si va el diablo
¿para qué he de ir yo con ella?

(Vanse JONADAB *y* TECUA.)

DAVID. Joab...
JOAB. ¿Yo?
DAVID. No os turbéis. Haced
que Absalón a verme vuelva,
que no es justo pronunciar
yo una cosa por bien hecha
y hacer otra. Ya lo dije
y ya conozco que es fuerza
que, un hijo muerto, otro vivo,
llore uno y otro defienda,
que si el uno se perdió[168]
nada el enojo remedia
y es justo amparar al otro
por que entrambos no se pierdan.
JOAB. Dame mil veces tus plantas.
AQUITOFEL. Pues ya con esta licencia
presto Absalón vendrá a verte.
DAVID. ¿Dónde está?
AQUITOFEL. En tu gran[169] clemencia
fiado, pienso que en Hebrón.
Su persona está muy buena.
DAVID, *aparte.* (No es tan malo que lo esté
como lo es que tú lo sepas.)
Ve por él, venga al instante.
Dentro. ¡Viva el gran rey de Judea!
DAVID. ¿Qué ruido es ese y qué voces?

---

[168] En BM: «que si uno se perdió», omitiendo el artículo y obligando a una improbable diéresis.

[169] En T, BM y derivadas: «en la gran clemencia». De nuevo ERC omite que esta variante proviene de T.

JOAB. Toda la ciudad, que llena
de regocijos está,
como ha corrido la nueva
ya del perdón de Absalón.
DAVID. ¡Cómo se ve en tus diversas
opiniones, vulgo, que eres
monstruo de muchas cabezas,
pues lo que ayer acusabas
contra Absalón, hoy apruebas!

(Sale CUSAY, *viejo.)*

CUSAY. Señor, un pobre soldado
soy, tan hijo de la guerra
que en ella nací y espero
morir, sirviéndoos, en ella.
De vuestro consejo aspiro
a ser. La larga experiencia
de las lides y los años[170]
a esta pretensión me alientan.
Una plaza hay vaca.
DAVID. Ya
a Aquitofel la di, en muestra
de que quisiera obligarle,
(por el temor que en mí engendra)
pero yo en otra ocasión
premiaré las canas vuestras.
ENSAY. ¿A Aquitofel la habéis dado?
Plegue[171] a Dios que no suceda
que él premiado y yo quejoso,
yo os sirva y él os ofenda.

---

170 En T, BM, BL y derivadas: «los daños». ERC omite que la variante está ya en T.

171 En T, BL y otras: «plega a Dios», también usual y asumible.

(Salen ADONÍAS *y* SALOMÓN.)

ADONÍAS. La merced que hoy a Absalón
has hecho, es bien que agradezca
nuestra amistad.

SALOMÓN. Y por él
la mano mi amor te besa.

DAVID. El tiempo, que con la sorda
lima de las horas llega
a asaltar nuestros afectos
sin que su ruido se sienta,
mi sentimiento ha gastado
y si una verdad confiesa
el alma, ya Absalón tarda
de llegar a mi presencia.

JOAB. No mucho, porque parece
que esperando la respuesta
estaba. *(Tocan chirimías.)*

SALOMÓN. Ya por Palacio
muy acompañado entra.

(Salgan los que pudieren y ABSALÓN *y* AQUITOFEL.)

ABSALÓN. Feliz mil veces el día
que, tras de tantas tormentas,
mi derrotada fortuna[172]
al sagrado puerto llega,
señor, de tus reales plantas.

DAVID. Alza, Absalón, de la tierra;
llega, Absalón, a mis brazos,
cuyo cariño sucedan
hoy Salomón y Adonías.

---

[172] «Fortuna» está aquí en su acepción marina de «temporal, tempestad» y «derrotada» vale por «desviada de la ruta». De ahí que al llegar a presencia de David está llegando a «sagrado puerto».

SALOMÓN. Con bien, bello Absalón, vengas.
ADONÍAS. El Cielo aumente tu vida.
ABSALÓN. Él guarde, hermanos, las vuestras[173].
DAVID. Por Tamar no te pregunto,
por no despertar en esta
ocasión algún rencor;
ya, pues que con tales muestras
habéis visto que le admito,
salios todos allá fuera,
que entre hijo y padre el perdón
público es justo que sea,
pero no entre padre y hijo
del perdón las advertencias.
Dejadnos solos. *(Vanse todos.)*[174]
[No dudo,
Absalón, que ahora piensas
entre ti que espero darte
quejas de tu inobediencia
por quedar aquí contigo
a solas; pues no lo entiendas[175],
porque no perdona bien
el que, perdonando, deja
nada al temor que decir
ni que hacer a la vergüenza;
y para que mires cuánto
al contrario es lo que intenta
mi amor, es darte, Absalón,
satisfacciones, no quejas,

---

[173] Sigo aquí a T y derivadas, frente a «la vuestra» en VT. Ambas son posibles, pero Absalón se está refiriendo a Adonías y a Salomón, lo que avala el uso del plural.

[174] Esta acotación varía según las ediciones: «*Vanse los dos*», según BM y T; *Vanse todos*, según VT.

[175] En BM y T: «ojalá, pues, no lo entiendas». Sigo aquí a VT, bastante más clara y más elegante, al usar un encabalgamiento.

del tiempo que en perdonarte
tardé, Absalón. La primera,
de que es muy cierto que yo[176]
lo deseé con todas veras
más que tú. ¡Oh, cuántas veces
maldije mi resistencia!
Forzosa fue, Absalón mío,
no porque en mí no cupiera
valor para perdonarte
mayores inobediencias,
sino porque temo más
las por hacer que las hechas,
según las cosas que todos
de tu condición me cuentan.
No te quiero referir
las malicias, las sospechas,
los escrúpulos, las dudas
que han llegado a mis orejas
por no obligarme a decirlas;
solo te advierto que sepas
que yo vivo, que yo reino,
que la sagrada diadema
está en mis sienes muy fija,
aunque oprime más que pesa,
y que sabré... mas no es día
hoy de hablar de esta manera.
Nada temo, nada dudo
de tu amor y tu obediencia:
seamos, Absalón, amigos
con amorosas contiendas;
con lágrimas te lo pido,

[176] Sigo a VT frente a tres variantes diferentes: «sea cierto de que yo / lo desee» (BM) y «que es muy cierto de que yo / lo desee» (T) y «es que es muy cierto que yo» (varias tardías). El subjuntivo «sea» en BM es lección divergente, aunque plausible.

y si no fuera indecencia
de esta púrpura, estas canas
hoy a tus plantas me vieras
humildemente postrado,
pidiéndote, puesto a ellas,
pues te quiero como padre,
que como hijo me obedezcas,
y por que veas cuán poco
dudando voy tus finezas,
no quiero que me respondas,
por que no pienses ni creas
que yo he podido dudar
cuál ha de ser tu respuesta. *(Vase.)*

ABSALÓN. ¡Qué caduco está mi padre,
pues cuando sé yo que intenta
dar el reino a Salomón
quiere que yo me enternezca
de sus lágrimas, pero[177] antes...

(Sale AQUITOFEL.)

AQUITOFEL. Esperando a que se fuera
el rey estuve. ¿Qué ha habido
con él?

ABSALÓN. Mil impertinencias.
¿Hay cosa como decirme
que el perdonarme agradezca?
¿No perdonó a Amón? ¿No es más
delito hacer una afrenta
que vengarla?

AQUITOFEL. Sí por cierto,
y tú, si lo consideras,
tienes la culpa.

ABSALÓN. ¿De qué?

---

[177] En BM y T: «mas antes». En VT: «pero antes».

AQUITOFEL. De que él piense que te deja
con esa acción obligado.
¿Mucho mejor no te fuera
haber entrado por armas,
haciendo del ruego fuerza?
¿No están diversas provincias
ya convocadas? ¿No esperan
para declararse solo
que se toque la trompeta
de tu ejército en Hebrón?
Pues ¿para qué ha sido esta[178]
ceremonia? No sería
acción más prudente y cuerda,
primero que te perdone
obligarle a que te tema?

ABSALÓN. Verdad es que yo carteado
estoy con gentes diversas
que en diciendo que me sigan
veré en la campaña puestas,
pero, con todo, he querido
reconciliarme con esta
fingida amistad, porque
hace más segura guerra
un enemigo de casa
solo, que muchos de fuera.
Demás de que yo aun no tengo
bastante gente que pueda
seguirme, y aquí pretendo
granjearla con mi asistencia.

AQUITOFEL. ¿De qué suerte?

ABSALÓN. De esta suerte:
ya sabes que las audiencias

[178] En T: «aquesta», también asumible. ERC lo anota solo como variante de AMS, JP y K, pero proviene ya de T.

de Israel siempre se hicieron
de la ciudad a las puertas;
saldreme al campo, y en viendo
que un pretendiente se queja,
ya de mala provisión,
ya de contraria sentencia,
le llamaré y le diré
que como a mí me obedezca
le haré justicia; con esto
los malcontentos es fuerza
que me sigan y me aclamen.

AQUITOFEL. Dices bien, si consideras
a la justicia una y sola;
dos no se ve que la tengan
y así de cualquiera causa
haber un quejoso es fuerza
por lo menos.

ABSALÓN. Pues en tanto
que yo hago estas diligencias
parte tú, y avisa a todos
que a la deshilada[179] vengan
para juntarse en[180] Hebrón[181].
Tamar está allí[182] encubierta
con la gente de Gesur,
yo la escribiré que venga
acercándose, y verás

---

[179] La expresión «a la deshilada» la usan varios autores en la época, entre ellos Quevedo en su satírico *Cuento de cuentos*. Vale por 'en desorden, a la desbandada'.

[180] En BM, T y varios más: «está aquí encubierta», pero parece muy claro que la alusión a Hebrón es 'allí'.

[181] En T: «a juntarse en el Ebrón». ERC lo registra en BM, AMS y JP, pero la fuente obvia de todos estos es T.

[182] En T, BM y derivadas: «Tamar està aquí encubierta», también posible, aunque parece más natural «allí», pues se habla en Jerusalén de otro sitio distinto.

enarbolar mis banderas
en Jerusalén, y que
a sangre y fuego hago guerra
a mi padre y mis hermanos,
coronando mi cabeza
de sus laureles.

AQUITOFEL. Sí harás,
si a los malcontentos llevas
tras ti, porque como todos
de sí, que merecen piensan,
son pocos los que agradecen
y muchos los que se quejan.

(Sale JONADAB *y* TECUA *[cada uno por su lado])*[183]

JONADAB, *ap.* (Bien alabarme puedo
de haber tenido a ratos lindo miedo,
pero como el de ahora
yendo con esta antípoda de Aurora[184],
jamás le he de tener ni le he tenido.)

TECUA. ¿En qué vas, Jonadab, tan divertido?[185].

JONADAB. ¿Yo, divertido? En nada,
pues es ir con el diablo a camarada.

TECUA, *aparte.* (Más causa no tuviera
yo para caminar con saña fiera,
triste, confusa y loca,
por una duda que en el alma toca.)

JONADAB. Consigo viene hablando.
Mas ¿que se va el demonio endemoniando?

[183] Este encorchetado es mío, en la idea de aclarar lo que el espacio teatral propone.

[184] El desternillante sintagma «antípoda de aurora» para aludir a una negra etíope o etiopisa es un buen ejemplo de la calidad eutrapélica de Calderón, tan evidente en su tratamiento de Juan Rana.

[185] *Divertido* se toma con el valor de 'abstraído, concentrado'.

TECUA, *aparte.* (Si el espíritu grande que ha vivido
en mí espíritu de odio y de[186] ira ha sido,
de[187] rencor y discordia
¿cómo viene[188] de hacer esta concordia
de Absalón y David?)

JONADAB. Entre sí habla:
el diablo me parece que se endiabla.

TEUCA. ¿Yo, instrumento de hacer dos amistades?
¿Yo, unir dos tan discordes voluntades?
Mas sí, que ya vendrán a iras atroces.

(Sale TAMAR.)

TAMAR. ¿Quién aquí da tan temerosas voces?
Mas ¿no eres Jonadab?[189].

JONADAB. Fuilo algún día,
mas ya no soy, señora, quien solía.

TAMAR. ¿Tú no fuiste el tercero
de aquella afrenta que vengar espero,
como ya en mi enemigo
hoy en toda Israel, siendo testigo
la gran Jerusalén, de mis hazañas?

JONADAB. Yo fui criado, usé de mis marañas,
pero ya un santo soy.

TAMAR. ¿De dónde vienes
por aquí? ¿Qué das voces? Di, ¿qué
[tienes?

JONADAB. Yo, aqueste negro día,
con esta negra compañera mía

[186] Omitida la preposición «de» en BM, T y otras, lo que apunta a omisión en fuente común.

[187] En T y otras: «del rencor». ERC anota la variante en BM, AMS, JP, pero no en T.

[188] En T: «¿cómo vine de hacer», omitiendo la e interna. De ahí el error derivado; en BL y otras: «Cómo vive», confundiendo v/n.

[189] Coinciden T y VT frente a «Mas no lo es» en BM.

aqueste[190] negro monte atravesaba.
Cuál fue el negro camino que llevaba
ella te lo dirá.

TAMAR, *aparte.* (Aqueste[191] criado
pues, vino a mi poder...)

JONADAB. ¡Ay, desdichado!

TAMAR. ... prenderé[192]. ¿Tecua?

TECUA. ¡Oh, Tamar divina!

TAMAR. ¿De dónde por aquí tu pie camina?

TECUA. De hablar vengo a David en su consejo
hechas las paces de él y Absalón dejo.

TAMAR. Mucho gusto me has dado
en decir que quedó reconciliado
mi hermano con el rey, porque no dudo
que esta fingida paz disponer pudo
sus intentos mejor y mis intentos,
que han de ser escarmientos,
según nuestra esperanza,
de su her<oi>ca[193] ambición y mi
[venganza.
Sus órdenes espero
en el Hebrón, ceñido el blanco[194] acero,
la gente de Gesur capitaneando

---

[190] En BM y en T: «aquesse negro monte», también admisible.

[191] En T: «Esse criado»; en BM «Aquese criado», rescatando la sílaba faltante; en BL y otras: «Ese criado».

[192] Variantes: BM: «Prended a Teuca», T: «Prendedle; à Teuca», con la variante «Prendedle. ¡Ah. Teuca!» en GE.

[193] Enmiendo el «hermosa» ambición que dice el texto; el adjetivo *hermosa* resulta insólito calificando a «ambición». La única enmienda posible es indagar en la adjetivación habitual de *ambición* y proponer una enmienda. El único adjetivo usado por don Pedro para acompañar al sustantivo *ambición* es «heroica», en *Fortunas de Andrómeda y Perseo,* mucho más apropiado que «hermosa», y que solo supone un cambio interior «oic>mos».

[194] El sintagma «blanco acero» es discutible. En *Los encantos de la culpa* Calderón adjetiva «el noble acero».

con los tribus que ya se van juntando,
aunque la Fama diga
que mi pasada ofensa a esto me obliga;
y pues ya ese criado
a saber mis designios ha llegado,
por que no pueda dar ningunas señas
de lo alto le arrojad de aquellas peñas.
Atadle atrás las manos.

JONADAB. ¡Suerte dura!

Dentro, voces: ¡Al valle!

Dentro. ¡Al monte!

Dentro, soldados. [...] ¡A la espesura![195].

TAMAR. Oíd, esperad ¿qué <militar> acento[196]
en cuatro partes despedaza el viento?

JONADAB. Yo iré a saber lo que es.

TECUA. Aquella cumbre
corona una confusa muchedumbre
y aquel bosque guarnece
otro escuadrón, y por allí parece
que el monte gente aborta
y otra tropa el camino después corta.

---

[195] Faltan sílabas para completar el endecasílabo. Una enmienda posible sería incluir: «Al llano». ERC edita el verso sin advertir el error métrico.

[196] En la edición VT: «Oíd, esperad, que crudo acento», verso mal medido, cosa que no se le puede imputar ni a Calderón ni a Vera Tassis. Las variantes abundan. En BM: «Qué debido acento». En los dos JP y JP': «qué cuerdo y qué acorde acento». Y en GE: «¿Qué dividido acento?». En varias obras de Calderón se usa «oid», siempre como monosílabo. Entiendo que «crudo» es una intrusión y que el verso es un heptasílabo. La alternativa es que «esperad» esté en el verso original y que no sea un endecasílabo, sino un heptasíalbo. De hecho, en los siglos XVII y XVIII el CORDE no registra ningún ejemplo en ningún autor, ni de «crudo acento» ni de «crudos acentos». Entiendo que el adjetivo «crudo» es una intrusión del primer editor de la obra, anterior a 1677. La enmienda es mía, eliminando «crudo». La enmienda «militar acento» es mía, y se basa en la repetición de este sintagma en algunas obras de Calderón y su pertinencia semántica en este contexto.

TAMAR. Si gente aquesta fuera
de guerra, sordamente[197] no viniera
marchando. Pues así llegar previene
dónde estoy, a prenderme ¡ay de mí!,
[viene.
Pero mi vida venderé primero
bien regateada[198] a golpes del acero,
que no me dan temores gentes tantas.

(Sale AQUITOFEL *con una carta.)*

AQUITOFEL. Todos alto aquí haced. Dame tus plantas.
TAMAR. Aquitofel amigo...
AQUITOFEL. Humano girasol, los rayos sigo
del sol de tu hermosura.
Aquesta es de Absalón.
TAMAR. Lo que procura
veré.
AQUITOFEL, *ap.* (¿La fitonisa no es aquella?
Ya me huelgo de vella
por ver lo que aquel hado me apercibe.)
TAMAR. Oye lo que Absalón aquí me escribe:
«Yo quedo previniendo
gente infinita que me va siguiendo:
la que al Hebrón llegare
hoy con Aquitofel ni un punto pare,
sino con toda ella
a la ciudad te acerca, Tamar bella,

---

[197] El adverbio *sordamente* tiene el valor de 'de manera ensordecedora, atronadora'. Hay ejemplos evidentes de este uso, como «con su afluente estruendo, sordamente profundo» (Ledesma, 1648, en CORDE), que aclaran este uso de tipo «estruendoso, ensordecedor».

[198] Sigo a BM y T: «regateada», frente a «recateada» en VT, aceptado por ERC. El verbo *regatear* es 'procurar abaxar el precio de la cosa que compra' (Covarrubias). El DRAE de 1899 tiene la entrada «recatear», reenviando a «regatear», por lo tanto ambas son admisibles.

ni trompeta se toque
ni parche se oiga[199] que a la lid
[provoque,
sino venga tan quedo
que piensen que es su general el Miedo.
Yo la estaré esperando
en la campaña del Hebrón[200], y cuando
la descubra y con salva la reciba,
embistan, repitiendo «¡Absalón viva!»,
por que así, con el súbito[201] desmayo,
sin avisar el trueno venga el rayo».
Esto escribe mi hermano,
por quien honores tan crecidos gano[202],
y por que vea cuánto reverencio
sus órdenes, la mía sea el silencio.

TECUA. Yo te quiero seguir.

TAMAR. Ese criado...

JONADAB. (Ya pensé que de mí se había olvidado.)

TAMAR. ... sea el primero que muera.

TECUA. Suplicarte quisiera[203]
que por haber conmigo aquí venido...

JONADAB. (Siempre fue este[204] color agradecido.)

TECUA. ... no muera.

TAMAR. Norabuena quede preso,
por que avisar no pueda del suceso

---

[199] En su edición, ERC anota que AMS y las dos JP tienen la variante: «ni parche oiga», pero esa variante ya está en T.

[200] En BM: «en la campaña de Hebrón» verso hipométrico, salvo un improbable hiato entre *de* y «Hebrón».

[201] Anota ERC la variante «súbdito desmayo» en BL y JP, pero ese error ya está previamente en T.

[202] ERC anota este verso como «verso perdido» en BM, T y derivados, pero en T también se omite.

[203] En T: «suplicarte quería», que atenta contra la rima. ERC solo anota esta omisión en BL, AMS y los dos JP.

[204] En T, BM y derivadas: «siempre fuiste». ERC omite que este error está en T.

y la gente, esparcida *(Átanle los soldados.)*
marche, en pequeñas tropas *dividida*[205],
que si con ella a las murallas llego,
Jerusalén verá que a sangre y fuego
sus almenas derribo,
sus torres postro, su palacio altivo,
ruina sin polvo yace:
póngase el sol caduco, pues que nace
joven <orto>[206], que da rayos más bellos
con el crespo esplendor de sus cabellos.

JONADAB. ¿Pues qué? ¿Preso he de estar?

AQUITOFEL. Soltad, que quiero
sea mi prisionero.

JONADAB. Pues haz que este cordel, señor, me quiten
y no, sañudos, contra mí se irriten[207].

AQUITOFEL. Sí haré[208], y allí me espera. *(Desátanle.)*

JONADAB. El diablo que esperara y no se fuera,
ya que el cordel me quita[209]
tu piedad[210].

AQUITOFEL. Oye...

TEUCA. Di, ¿qué solicita
tu voz?

---

[205] Este adjetivo participial, necesario para la rima y la medida, está omitido en BM, T y derivadas.

[206] En todos los testimonios: «joven otro». Conjeturo que se trata de una *facilior* evidente, ya que «caduco» se refiere al sol poniente y lo que cumple como contraste es el «orto» o «joven», es decir, naciente o levante. En García de Silva y Figueroa (1618) el CORDE registra «el orto y ocaso de las dichas estrellas»; el vocablo lo usa repetidamente Carlos de Sigüenza y Góngora. El orto da rayos más bellos porque la luz matutina es más intensa.

[207] Verso omitido en todas las ediciones, salvo en VT, y que no se puede atribuir a enmienda de VT.

[208] En BM, T y derivadas: «sí haré». Pero el sujeto y agente de de la acción es plural.

[209] Verso omitido en BM, T y demás. De nuevo es VT el que lo transmite a partir de una edición anterior y más completa.

[210] Este endecasílabo trimembre «tu piedad. / oye / Di. Qué solicita» está omitido en BM, T y derivadas.

AQUITOFEL. Saber quisiera
qué me quiso decir (¡oh, pena fiera!)
la voz que horrible pronunció tu acento,
que el aire había de ser mi monumento.
TEUCA. No lo sé, porque ahora
no me dicta el espíritu que mora
en mi pecho, mas viendo
ese lazo en tus manos hoy entiendo[211],
como entre pardas sombras[212] de algún
[sueño,
que ese cordel anda a buscar su dueño.
AQUITOFEL. Pues si su dueño busca
ya le halló: ni me admira ni me ofusca,
porque así ser espero,
coronado Absalón, el juez primero
que contra la malicia[213]
en mí su dueño tenga, pues justicia[214]
he de hacer. Teman todos su castigo
que va el ministro del rigor conmigo.
[(Vanse.)

(Sale ABSALÓN *y* CUSAY.)

ABSALÓN. A esta sala os he traído[215]
por estar más sola, adonde
mi amistad, que corresponde
a lo bien que habéis servido

[211] De nuevo hay que seguir a VT, frente a la sorprendente variante «en tus manos compeliendo». El verbo «compeler» significa «obligar, forzar a» que es ajeno a la idea del pasaje.

[212] Sigo el orden de VT frente a la variante «sombras pardas» en T.

[213] Otro verso omitido en todas las ediciones, que hay que rescatar de VT.

[214] En T; el verso es así: «que tiene en mí su dueño, pues justicia», verso cojo sin el que completa el dístico.

[215] En T: «a aquesta sala os he entrado», con la variante «A esta sala» en varios testimonios. La rima exige «traído».

premiaros quiere, yo sé
que de mi padre quejoso
estáis, y yo, cuidadoso
por veros viejo, de que
ningún vasallo se queje,
pretendo satisfacer
a todos, y así he de hacer
que la razón vuestra deje
en mis manos el reparo
de tan justo sentimiento,
y así premiaros intento.

CUSAY. Eres príncipe y amparo
de este pobre humilde viejo.

ABSALÓN. Si él, cuando no os satisfizo
de su Consejo no os hizo,
yo os hago de mi Consejo.

CUSAY. Eso no entiendo, que[216] vos
¿qué tribunales tenéis?
¿de qué, ministro me hacéis?

ABSALÓN. Solos estamos los dos
y así más claro hablar quiero:
todo el tiempo lo mejora
aunque no los tengo ahora[217]
presto tenerlos espero.

CUSAY. Vivo[218] el rey, no será ley
que yo este cargo reciba.

ABSALÓN. Si es el daño que el rey viva[219],
presto no vivirá el rey.

CUSAY. Su larga edad yo confieso
que a los umbrales está

---

[216] En BM y T: «pues vos».

[217] Verso omitido en todos los testimonios salvo en VT.

[218] En T: «vino el rey», error típico de empastelamiento al introducir una *n* en el cajetín de la *u*.

[219] En BM y T: «Si el daño está en que el rey viva».

de la muerte, ¿pero ya
sabéis que os nombre?

ABSALÓN. Por eso
me quiero nombrar yo a mí,
que nieto de reyes soy
y, pues declarado estoy
con vos, advertid que aquí
ya tengo echada la suerte.
Palabra me habéis de dar
de mi persona ayudar
o yo os he de dar la muerte.

CUSAY, *aparte.* ¿Quién en más dudas se vio?
¿Qué puedo hacer? (¡ay de mí!)
Traidor soy si digo sí;
muerto soy si digo no.
Mas ¿qué dudo? ¡Cuánto[220] es
más grave dolor, más fuerte
una infamia que una muerte!
Mas, ¡ay, triste!, que después
de muerto yo, no podrá
David saber lo que ignora,
y así conceder ahora
conviene con él.)

ABSALÓN. ¿Qué está
tu imaginación dudando?

CUSAY. Cosas que tan grandes son
siempre la imaginación
las escucha vacilando,
no porque dude[221], señor,
cuál ha de ser mi respuesta.

ABSALÓN. Pues di, ¿cuál ha de ser?

[220] En T, BM y derivadas: «cuando».
[221] En T: «porque dudé», forma verbal difícil de justificar.

CUSAY. Esta:
que hacienda, vida y honor
siempre a tus plantas pondré
y me huelgo de que haya
ocasión en que yo vaya
vengado del Rey, porque
tan mal premia mis servicios;
tuyo he sido y tuyo soy
por ti vivo desde hoy.
ABSALÓN. De tu valor son indicios
todos aquesos[222], y ansí
vete a casa y ten armados
tu persona y tus criados
y en el instante en que aquí
se diga «¡Viva Absalón!»,
que esta es la señal[223], saldrás
y la parte seguirás
que me aclame.

(Sale SALOMÓN.)

CUSAY. Salomón
viene allí.
ABSALÓN. No entienda nada.
Retirémonos los dos.
CUSAY, *aparte.* Avisaré, ¡vive Dios,
al rey
ABSALÓN. Vete a tu posada,
que yo salgo a prevenir
la gente que presto espero
de Hebrón, y regirla quiero.
Valor: reinar o morir. *(Vanse los dos.)*

---

222 En BM y T: «todos aquellos».
223 En T, BM y derivadas: «la seña», también posible métricamente, pero es más probable que «seña» sea una omisión de la *-l* final de palabra.

Jácara

(Que se cantó en la compañía de Bartolomé Romero.)

PERSONAS

TOMÁS, *gracioso*
INÉS
JULIANA
PEDRO REAL
MARÍA DE VALCÁZAR
VALCÁZAR

TOMÁS. Mientras se viste una niña
que un sainete ha de empezar,
salgo a cantaros un tono
de mediana gravedad.
Es la letra muy sentida
porque le faltó la sal
y el tono, de tanta obra
que jamás se acabará.
«Corazón...»

JULIANA. *(Desde la cazuela, representando.)*
¡Jácara!

TOMÁS. ¡Mientes!
«Corazón...»
JULIANA, *cantando:* ¡Jácara!
TOMÁS, *representando.* ¿Hay tal?
JULIANA. ¡Jácara!
TOMÁS. Moñicazuela,
no alborotes el corral.
Cántala tú si la quieres
o calla con Barrabás.
TODOS. ¡Jácara!
TOMÁS. ¿Oyen vustedes?
Cantarla yo es por de más.
Cántela quien la pidió
o juro a Dios que han de aullar.

(Hace que se va y canta JULIANA *en tono de jácara.)*

JULIANA. *No quebrante el juramento,*
repórtese el buen Tomás,
vuelva la voz a la vaina,
que aquí se la cantarán,
pues no es para otro tanto
esa moza del solaz,
la Valcázar, a quien toca
la hermana graciosidad.
TOMÁS. Valcázar, vuelve por ti,
que, como picada estás,
te rehogan en cazuela
por poderte sopear.
MARÍA, *en lo alto del teatro:*
Cazolerilla que cantas
como gallo en muladar,
dos jácaras de ventaja
te doy, si sales acá.
Miren, pues, qué Rufinica
o qué Jusepa Román

si no una voz baratillo
como picote de a real.

REAL, *en una grada: Reales hay, sin ser picotes*
que quince y falta os darán
cantando, pues solo callan
los viejos sin gusto ya.

VALCÁZAR. *de Vejete, en la grada segunda:*
No falta gusto en los viejos:
dígalo el vino, que en más
por su buen gusto le estiman
en siendo mayor la edad.

TOMÁS. ¡Jesús, que se jacarea
por mil partes el corral!
Vive Dios que ya no falta
sino que hable el desván.

INÉS, *en el desván: Desvanes y claraboyas*
donde estoy pueden hablar,
que vida y alma a las piedras
mi voz les infundirá.

JULIANA. Todo eso es hablar en alto.

MARÍA. Todo eso es cacarear.

REAL. Todo eso es cuento de cuentos.

VALCÁZAR. Todo eso es un papasal.

MARÍA. Todo eso es decir y hacer.

TOMÁS. ¡Guárdense de ella, que está
sobre cabeza de todos,
como cuando hay priesa al pan.

TODOS. ¡Al arma, al arma, al arma!
¡Guerra, guerra, al arma, al arma!
¡Al arma, jacareadores,
los que frente a frente estáis!

TOMÁS. ¡Tened, oíd, parad
los que jácara pedís
cuando salen a bailar!
¿Esto os coge todo el cuerpo?
Hartaos de ella y de piedad:

dadle un vítor de limosna
para que con él tengáis...

TODOS. *¡Aquí, jácara, y después*
baile y más si queréis más.

[Tercera jornada]

SALOMÓN. Las amistades que ha hecho
mi padre con Absalón,
aunque para mí no son
de enojo, turban mi pecho,
temiendo que estorbar trate
la feliz elección mía,
y ya que no aqueste día
la deshaga, la dilate,
y así a mi padre hablar quiero
de parte de Bersabé
en mi pretensión, porque
de la dilación infiero
peligro y durmiendo ya[224];
no es justo que le despierte.

(Córrese una cortina y se descubre a DAVID *durmiendo.)*[225]

DAVID. Hijo, no me des la muerte.
SALOMÓN. Su notable inquietud da
indicio de algún cansado

[224] Sigo aquí la lección conjunta de BM y T frente a VT, que edita «peligro; durmiendo está». Entiendo o conjeturo que el ejemplar que sigue VT había omitido la conjunción.

[225] La acotación en T varía: *Corre una cortina, descúbrese durmiendo David, en un bufete está una corona de oro.*

sueño; despertarle es bien,
no sus sentidos estén
en letargo tan pesado.
Señor...

DAVID. ¡Qué extraño rigor!
Hijo, ¿tú mi ruina tratas?
¿Tú me ofendes?¿Tú me matas?

(Despierta DAVID.)

SALOMÓN. Yo te despierto, señor,
porque tu quietud pretendo
al verte inquieto, mas no
porque imagines que yo
ni te mato, ni te ofendo.

DAVID. ¡Ay, hijo del alma mía,
qué triste y[226] funesto sueño
me puso en mortal empeño[227]
este instante que dormía!
Pero ya con estos lazos
todo el sobresalto acaba:
dormido, uno me mataba;
despierto, otro me da abrazos,
y así a Dios dar[228] gracias quiero,
pues, piadoso, ha permitido
que el pesar sea el fingido[229]
y el contento, el verdadero.

SALOMÓN. Pues ¿qué soñabas?

---

[226] Omitida la conjunción *y* en BM, T y derivadas, Entiendo, como en el caso anterior, que la variante que incluye una conjunción copulativa es superior a la variante que la omite.

[227] Verso omitido en todos los testimonios, excepto en VT.

[228] Omitido «dar» en todos los testimonios, con lo que al verso le falta una sílaba. VT da el verso completo.

[229] Verso omitido en todos los testimonios, salvo en VT.

DAVID. No sé:
delirios y fantasías,
sombras de mis largos días.
SALOMÓN. Cuéntamelo a mí.
DAVID. Sí haré.
Gusto en[230] contarlo reciba,
pues solo[231] es que gente entraba
por Jerusalén, soñaba,
repitiendo...
TODOS, *dentro*[232]: ¡Absalón viva!
DAVID. ¡Ay de mí! ¿Qué es lo que he oído?
SALOMÓN. Escándalo es de horror fiero.
DAVID. Ya el pesar es verdadero
y el contento es el fingido.

(Sale CUSAY, *con la espada desnuda.)*

CUSAY. David, infelice rey
de Israel, aunque ahora llegue[233]
mi voz a avisarte tarde
de los peligros que tienes,
sabrás que Absalón, juntando
grande número de gentes,
ha entrado por la ciudad,
publicando a <aleves voces>[234]
todos que...
Dentro: ¡Viva Absalón!

---

[230] Omitida la preposición en T, BM y derivadas.

[231] En T, BM y derivadas : «pues no es que».

[232] La acotación en T, BL, BM y demás es: *Arma dentro y dicen todos.* Conjeturo que «arma» es modificación de «Al arma».

[233] En T, AMS y otras: «llega». Parece más probable, tras un «aunque» un subjuntivo.

[234] En casi todos los testimonios: «publicando a vozes leves», salvo en RR, que enmienda «a voces aleves». Lo natural es que el adjetico sea «aleves» y no «leves». La enmienda, con inversión del orden sustantivo más adjetivo, presupone la preposición *a* embebida en «aleves». La enmienda es mía.

CUSAY. Con él Aquitófel viene.
Mira a quién premias allí
y mira aquí a quién ofendes,
pues él tu muerte apresura
y yo defiendo[235] tu muerte.
No pude avisarte antes,
mas para que tengas siempre
avisos de sus designios
en cuanto le sucediere,
voy a ser traidor leal:
los que en su bando me vieren
sepan que, aunque esté con él,
tú de tu parte me tienes. *Vase.*
DAVID. Escucha, Cusay, aguarda.

(*Sale* ADONÍAS *y* SEMEY.)

ADONÍAS. Señor, un punto no esperes,
que es un volcán la ciudad
que humo exhala y llamas vierte.
SEMEY. Escollo es del Mar Bermejo[236]
ya todo el muro eminente
pues, sobre sangre fundado,
golfo de carmín parece.
DAVID. Pues ¿qué espero? Yo, el primero
saldré[237] donde...

(*Sale* JOAB.)

JOAB. Aguarda, tente,
señor, no salgas, porque

---

[235] «Defiendo» se toma en el sentido de «me opongo a» o «prohibo».

[236] ERC anota que la variante «Escollo es el Mar Bermejo» está en AMS, BL y JP, pero lo cierto es que esa variante ya está en T.

[237] Todos los testimonios, incluyendo VT, editan «saldré de donde», lo que hace un verso eneasílabo con la réplica de Joab. Eso se corrige suprimiendo ese *de* supernumerario. La enmienda es mía.

ya conoces que la plebe
monstruo es desbocado: no hay
prevenciones que la enfrenen
cuando su mismo furor
la obliga a que se despeñe.
La novedad al principio
la alimenta y fácilmente
dejándose llevar de ella
de instantes a instantes crece.
Déjala, pues, que en sí misma
este primer golpe quiebre
hasta que, rendida ya,
caiga en los inconvenientes.
Huye a la primera instancia
el rostro, señor, advierte
que, como desprevenida
de tan súbito accidente
la ciudad estaba, toda
a un crujido se estremece,
Los traidores y leales,
mezclados confusamente,
no se distinguen, porque
neutrales e indiferentes,
los más están a la mira,
que en comunidades siempre
el traidor es el vencido
y el leal es el que vence.

DAVID. ¿Qué riesgo hay como esperar,
sin resistencia, la muerte?[238].

JOAB. Nosotros defenderemos
todas estas puertas. Vete
por esa que sale al monte.

---

238 BM, T y derivadas: «sin resistencia a la muerte», que tal vez sea lo correcto, hipotetizando una pérdida de *a* embebida.

SALOMÓN. A precio de nuestras muertes
defenderemos tu vida.
DAVID. ¡Ay, hijos, qué mal pretende
vuestro valor que yo solo
me escape y a todos deje!
O huyamos todos, o todos
muramos.
JOAB. Si eso resuelves,
menos importa el huir
que aventurar solamente
tu vida. Esto no es temor,
que como tú vivo quedes,
con tu valor y tu vida
todo harás que se remedie.
DAVID. Pues venid conmigo todos.
¿Quién creerá que de esta suerte
huyendo sale David.
de su alcázar eminente?
¡Ay, Absalón, y qué mal
me pagas lo que me debes! *(Vanse.)*

(Tocan al arma y sale JONADAB.)

UNOS. ¡Viva David!
JONADAB. ¡David viva!
OTROS. ¡Viva Absalón!
JONADAB. Viva y reine,
que yo no pienso matarme
por que viva aquel ni este.
Soldado sin ejercicio
he de ser, como otras veces,
que esta es espada capona,
que solo el título tiene,
y no la entrada en las lides,
que[239] no hay puerta que abra o cierre.

[239] En T, BM y derivadas: pues no hay.

(Sale ABSALÓN *y los suyos.)*

ABSALÓN. Entrad y no quede vivo
quien a voces no dijere:
¡Viva Absalón!

JONADAB. Absalón
viva, que por mí no quede.

AQUITOFEL. Ya rendida la ciudad,
señor, a tu nombre tienes;
y aun la campaña, pues queda
Tamar allá con las huestes.

ABSALÓN. Guarnézcanse las murallas
todas luego de mis gentes
mientras el Palacio allano.

AQUITOFEL. El cuarto del rey es éste.

ABSALÓN. No escape de muerto o preso.

CUSAY. Tarde ese triunfo previenes,
que al monte huyendo ha salido.

ABSALÓN. Descuido fue que no hubiese[240]
las puertas tomado.

Dentro. ¡Viva
David!

ABSALÓN. ¿Qué es eso?

AQUITOFEL. La gente
que en seguimiento del rey
salir al monte pretende.

CUSAY. Sola dejan la ciudad.
Niños, viejos y mujeres:
se van saliendo a los montes.

ABSALÓN. ¿Cómo haremos que esto cese?
Que los reyes sin vasallos
no pueden llamarse reyes.

---

[240] En T: «que no hubiesen», también posible.

AQUITOFEL. Como entre hijos y padres[241]
estos escándalos siempre
paran en paces, y al fin
el odio en amor se vuelve,
muchos hoy no se declaran
de tu parte porque temen
que tú quedes perdonado
y ellos por traidores queden,
y así, para asegurarlos
más, fuera acierto[242] que hicieses
una demostración tal
que no fuera eternamente[243]
posible volver a ser
amigos; vieras que en breve
todos tu nombre aclamaban.
ABSALÓN. ¿Qué acción esa fuera?
CUSAY, *aparte a* ABSALÓN: Advierte
que de Aquitofel consejo[244]
no admitas, que te despeñe[245].
AQUITOFEL. Sobre injurias, sobre agravios,
sobre afrentas, sobre muertes[246],
sobre engaños y traiciones,
caer las amistades suelen.
Una cosa sola hay
sobre que caer no pueden,
pues nunca caen amistades

[241] En T: «Señor, como entre hijo y padre».

[242] En BM: «más pareciera que hicieses». En VT: «más fuera cierto», seguido por ERC. Entiendo que es T la que da el verso correcto y que «fuera cierto» es un ejemplo de *a-* inicial embebida en contacto con la *-a* final de «fuera».

[243] El adverbio *eternamente* se toma en el sentido de 'ya nunca más'.

[244] En T: de Aquitofel el consejo.

[245] En T: «que te despeñas», en contra de la rima asonante.

[246] En T: «sobre muertes, sobre afrentas» de nuevo en contra de la rima asonante.

sobre celos solamente,
porque no es noble, ni honrado,
ni entendido, ni valiente
el hombre que a la amistad
de quien le dio celos vuelve,
y más, celos del honor,
que es duelo que al alma ofende;
pues siendo así, en ese cuarto
están todas las mujeres
concubinas de tu padre[247].

ABSALÓN. No prosigas, cesa, tente,
ya te he entendido. Esto baste,
que hay cosas que no parecen
tan mal hechas como dichas;
en él mis soldados entren
y sin reservar alguna[248]
a la gran plaza las lleven,
que hoy he de asombrar al mundo. *(Vase.)*

JONADAB. Ea, mondongo me fecit.

CUSAY. ¿Qué fiera, qué monstruo airado[249]
que obrase irracionalmente
tan torpe consejo diera?

AQUITOFEL. ¿No sabes cuán pocas veces
la dura razón de estado
con la religión conviene?

---

[247] El pasaje de Samuel, segundo libro, XVI, 21-22, es demoledor sobre la conducta de Absalón: «Et ait Achitophe lad Absalom: Ingredere ad concubinas patris tui, quas dimisit ad custodiendam domum: tu cum audierit omnis Israel quod foedaveris patrem tuum, roborentur tecum manus eorum. 22. Tetenderunt ergo Absalom tabernaculum in solariuo, ingressusque est ad concubinas patris sui coram universo Israel». Félix Torres Amat traduce educadamente: «abusa de las concubinas de tu padre».

[248] En BM, T y demás: «sin reservar ninguna». Ambas lecciones son válidas porque «alguna» y «ninguna» en ese contexto son sinónimos.

[249] En T: ¿qué hombre? Qué fiera? O qué monstro.

Aquesto a la duración
de esta enemistad compete.

CUSAY. Más compete a la malicia
de tus intentos aleves.

AQUITOFEL. Mis intentos son leales,
pues asegurar pretenden
la corona en rey que sea
justiciero eternamente[250].

CUSAY. Sí, mas con tales insultos...

AQUITOFEL. Sospechas, Cusay, ofreces
de que estás con Absalón.
neutral.

CUSAY. De esto antes se infiere
que le quiere para rey
el que perfecto le quiere.

AQUITOFEL. ¿Puede no ser tiranía
todo esto?

CUSAY. No, pero puede,
siendo tirano y piadoso
no ser tirano dos veces.

(Suena ruido dentro y dice ABSALÓN.)[251]

ABSALÓN. Ya las puertas derribadas
están: los soldados entren
y por las calles y plazas
a la vergüenza las lleven.

CUSAY. ¡Oh, mal hayan tus consejos!

AQUITOFEL. Agradece a Dios que vuelve,
que yo te diera a entender
con cuánto riesgo me ofendes.

---

[250] De nuevo un verso omitido en todos los testimonio salvo en VT.

[251] En T: «*Ruido grande, dentro Absalón*».

(Sale Absalón.)

Absalón. ¿Qué *es* aquesto? *¿Qué dais voces?*[252].
Aquitofel. Cusay <es>[253], señor, que quiere
enmendar acciones tuyas.
Cusay. Así es, que como me tienes
hecho consejero tuyo
a mí solo pertenece[254].
Absalón. Pues ¿qué decías?
Cusay. Señor,
pues entras a reinar, que entres
ganando primero[255] afectos
de piadoso y de clemente,
que monarquía fundada[256]
en rigor, no permanece,
pues el mismo la deshace
que fortalecerla quiere[257].
Absalón. Dices bien, pero ya es tarde,
mas porque el tiempo se pierde,
decidme los dos, dejando
competencias, qué os parece
que debo hacer ahora yo.
Jerusalén obediente

---

[252] Esta segunda mitad del verso está omitida en BM, T y las derivadas. Solo la transmite VT.

[253] En todas las variantes: «Ensay, señor, que quiere», verso mal medido al que le falta una sílaba. Enmiendo de la forma más económica, congruente con la pregunta: ¿Qué *es* aquesto?

[254] En T: «a solo yo pertenece». Con alteración grave de los usos gramaticales.

[255] En T: «ganando al principio afectos», también posible.

[256] Este verso, en todos los testimonios aparece como «que una monarquía fundada», verso que solo puede ser octosílabo pronunciando «monarquía» como trisílabo, contra todos los usos. La enmienda de supresión del artículo es mía.

[257] De nuevo, verso omitido en todos los testimonios pero presente en VT.

está a mis armas, mi padre
huido penetra y trasciende
las entrañas de los montes.
¿Será bien que hoy aquí quede,
la ciudad asegurando,
o será mejor que intente,
irle siguiendo, el alcance?[258].

AQUITOFEL. Lo que aconsejarte debe
mi lealtad es que le sigas,
le prendas y le des muerte;
y por que a todo se acuda
a un mismo tiempo, igualmente
quédate tú en la ciudad,
que yo con algunas gentes[259]
le seguiré.

CUSAY, *aparte*. (¡Oh, si pudiera
dar yo lugar a que huyese!)
Señor, las buenas fortunas
aventurarse no deben
y conservar lo ganado
es la batalla más fuerte.
Ya la gran Jerusalén
hoy supeditada tienes;
si sacas la gente de ella
habrá dos inconvenientes:
uno, que al mirar que hay menos
que la guarden, que la cerquen,
los neutrales, podrá ser
que a alguna facción se alienten;
otro que, si por ventura,
el que hoy a David siguiere
en lo encumbrado del monte

[258] La expresión *seguir el alcance* vale por 'perseguir a los fugitivos'.
[259] Sigo aquí a T, en el uso plural del sintagma, frente a 'alguna gente'.

un solo soldado pierde,
desmayarán los demás
si ven que al principio vuelve,
con la pérdida menor,
solo un paso atrás, y advierte:
no cabe todo en un día[260].
Basta una victoria en este,
mañana podrás seguirle.

ABSALÓN. Tú aconsejas cuerdamente,
no solo mi consejero
eres, Cusay, mas[261] ya eres
Juez de Israel.

AQUITOFEL. ¿Ese cargo
ofrecido no me tienes?

ABSALÓN. ¡Oh, qué presto, Aquitofel
ejecutarme pretendes
por lo que has hecho por mí!
Puntual acreedor eres.

AQUITOFEL. Acreedores reconozco
que quitar y poner reyes
podrán[262].

ABSALÓN. ¿Mañana hacer otro?
¿Esto es lo que decir quieres?
Vente conmigo, Cusay,
y tú, Aquitófel, advierte
que valerse de un traidor
no es bueno para dos veces. *(Vanse.)*

---

[260] Sigo aquí a T y VT frente a la leve variante: «que todo en un día no cabe», que exigiría pronunciar *día* como monosílabo.

[261] Omitido este *mas* en todos los testimonios, lo que exigiría pronunciar Cusay como trisílabo.

[262] El verbo *podrán* exige infinitivos, lo que avala el verso previo de VT: «que quitar y poner reyes». En T hay un error parcial: «que quitar y ponen reyes» y en BM se ha modificado en «que quitan y ponen reyes», sin advertir que se trata de infinitivos regidos por el verbo modal *podrán*. Es innecesaria la enmienda de ERC «que [al] quitar».

AQUITOFEL. ¿Que esto escuche yo de quien
esperé tantas mercedes?
¿Baldones son recompensas?
¡Qué rigurosa, qué fuerte
la víbora de la envidia
en el corazón me muerde!
Sin vida estoy, sin aliento.
Que se me eclipsa parece
el sol, la tierra me huye
y el mismo viento me ofende.
El corazón a pedazos
salirse del pecho quiere,
aborreciendo el vivir,
amando la acerba muerte.
Este áspid, que en el seno
abrigué (¡ay de mí!) me muerde;
no en vano me dijo Tecua[263]
que andaban estos cordeles
buscando su dueño en mí.
Ministro soy de mi muerte,
que, pues ya no hay qué esperar
de Absalón, que me aborrece,
ni de David, que aborrezco,
mejor es que desespere.
Deme monumento el aire
y la tierra me le niegue,
que quien pendiente de un hombre
en vida estar quiso, en muerte
será justo que un cordel
le deje al aire pendiente.

---

[263] En T el verso varía levemente: «que no en vano dijo Teuca». La variante de VT es superior porque evita duplicar *que,* repetido al comienzo del verso siguiente.

(Vase Aquitofel.)

(Salen Adonías, Joab, Salomón *y* David.)

Salomón. Esto es, señor, del monte lo más fuerte.
Adonías. Esto es lo más secreto y escondido.
Joab. Aquí, de los amagos de la muerte,
si no seguro, espera defendido.
David. ¿Quién creerá, ¡ay infeliz!, que de esta [suerte
a pie, cansado, solo y perseguido,
David camina, de Absalón huyendo.
Salid sin duelo, lágrimas, corriendo[264].
Adonías. De la ciudad mil gentes han salido
siguiéndote, señor.
Salomón. Por todo el monte
el número está en tropas dividido.
Joab. Aquí a esperar y a descansar disponte,
en tanto que nosotros, discurrido[265]
con nuestra diligencia el horizonte,
los vamos en escuadras recogiendo.
David. Salid sin duelo, lágrimas, corriendo;
id, pues, a redicirlos y a traellos,
no porque asegurarme yo pretenda,
mas por que se aseguren mejor ellos
unidos, y el rigor no los ofenda.
Joab. Yo a reducirlos voy y recogellos.
Adonías. Todos iremos.
Salomón. Cada cual su senda
elija y vaya el monte discurriendo. *(Vanse.)*

---

[264] Una nueva cita de un célebre verso de Garcilaso.

[265] En T, BM y sus derivados, *discurriendo,* que atenta contra la rima. La idea es «(habiendo) discurrido el horizonte con nuestra diligencia». Más adelante hay un verso que acaba en «discurriendo» lo que apunta a error del oficial de imprenta, que en el componedor de línea se confunde.

DAVID. Salid sin duelo, lágrimas, corriendo.
¡Ay, Absalón, hijo querido mío,
cómo procedes mal aconsejado!
No lloro padecer tu error impío,
mas lloro que no seas castigado
de Dios: a Él estas lágrimas envío
en nombre tuyo, por que perdonado
quedes de la ambición que a esto te
[indujo.

(Sale SEMEY.)

SEMEY. ¡Mal haya quien a padecer nos trujo.
Mas, ¡ay de mí!, que él solo retirado
está. *(Aparte)* ¿Si[266] habrá mi voz a caso
[oído?[267]

DAVID. Sí, pero no te dé Semey, cuidado;
el dolor te disculpa que has tenido.
Tienes razón, pero maldice al hado,
no a mí, pues que la culpa yo no he sido,
sino el hado[268].

SEMEY. Conmigo y con él medras.
¿Será que contra ti me arme de piedras?

DAVID. Tira, pague la pena merecida,
pues apedrearme es justo mi vasallo[269].

SEMEY. Contento no estaré si con tu vida
vengado de mis manos no me hallo.

---

266 En VT: «mas si habrá mi voz», con lo que hay una sílaba supernumeraria.

267 ERC edita este verso así: «está! Mas ¿si habrá mi voz acaso oído?», verso común a VT y a T, pero esa secuencia no es ningún endecasílabo, ni por la medida ni por el esquema acentual. La enmienda más económica es omitir *mas*.

268 Omitido este semiverso en BM, T y demás. De nuevo es VT el único que da el verso completo y correcto.

269 En T: «mis vasallos», pero la rima exige el singular.

(*Vase. Sale* CUSAY.)

CUSAY. ¿Qué haces, infiel[270], sacrílego, homicida?
¿Piedras contra tu rey? Ya castigallo
me toca, pues llegué.
DAVID. No lo pretendas,
y pues yo le perdono, no le ofendas.
Ah, [...] Semey, no de mi vista huyas[271],
que palabra te doy de no vengarme
en mi vida de ti y las iras tuyas.
Ministro eres de Dios, que a castigarme
envía y pues que son justicias suyas,
en mi vida de ti no he de quejarme.
Dime tú ahora, amigo, qué ha pasado.
CUSAY. Que ya en Jerusalén se ha coronado
Absalón.
DAVID. Ojalá del mundo fuera
Jerusalén metrópoli eminente,
por que de todo el mundo señor fuera
mi Absalón, coronando la alta frente.
CUSAY. Tan tarde ser amigo tuyo espera
que al culto de tu honor más reverente
se atrevió, pues violando...
DAVID. No prosigas,
y si es lo que imagino, no lo digas.
No lo quiero saber, porque no quiero
que el dolor a decir (¡ay, Dios!) me obligue
alguna maldición, pues aun espero
que el Cielo le perdone y no castigue.

[270] Omitido «infiel» en todos los testimonios, salvo en VT. Es necesario para la medida, pero también para el esquema acentual, con acento en 4.ª.

[271] Este verso no es un endecasílabo, ni por la medida ni por el esquema acentual. Hay que conjeturar pérdida de una sílaba, por ejemplo: ¡Ah, tú, Semey! (poco probable, pero al menos de medida correcta).

CUSAY. Consejo fue de Aquitofel el fiero,
mas ya desesperado.

DAVID. ¡Ay, Dios! Mitigue,
Señor, vuestra justicia su castigo.

CUSAY. Se mató a sí tu bárbaro enemigo
y Absalón la batalla hoy te previene
que por mí desde ayer fue dilatada;
contra ti, gran señor, al monte viene
la hueste suya, de furor armada:
ya quedarme contigo me conviene,
mi vida a tu defensa dedicada.

(Tocan, Sale JOAB, ADONÍAS *y* SALOMÓN.)

JOAB. La gente está dispuesta ya en tres haces[272].

DAVID. Muy bien, Joab, en disponerla haces,
pues que[273] Absalón, a darnos la batalla
viene, yo moriré el primero en ella.

JOAB. No, señor, tu persona, si se halla
aquí, todo se pierde con perdella.

SALOMÓN. No es seguro, señor, aventuralla;
los dos bastamos para defendella.

DAVID. Si os veo peligrar, hijos queridos,
nueva guerra daréis a mis sentidos[274],
pues si de todas partes considero

---

272 El *haz* es 'la tropa ordenada y compuesta en divisiones', acepción que los editores parecen desconocer, ya que T y otros editan «la gente está dispuesta entre esos sauces». La formación en tres haces (VT) es impecable y habitual en entorno léxico militar. En BM: «en esos haces». La conjetura más natural es que «en tres hazes» se ha leído como «entre sauces».

273 En T esto deriva en «porque Absalón a darnos la batalla / viene».

274 El dístico pareado de esta octava en BM varía radicalmente: «si yo he de librar los dos tampoco/que otra pena mayor que os dejo toco». El primer verso está mal medido y se podría corregir con «si yo os he de librar». En T: «Si os veo peligrar, hijos queridos, / otra pena mayor compro y muy cara». Con variantes como «cobro y muy cara» en derivaciones tardías.

mis hijos en la lid, es cosa clara
que buen suceso para mí no espero,
pues el brazo que tira, el que repara
uno es mismo, y así con un acero
vendré a morir en confusión tan rara
si cualquier golpe contra mí se ofrece,
siendo persona que hace y que padece.

JOAB. Dices muy bien: retírense contigo
Salomón y Adonías.

SALOMÓN. No consientas[275]
injuria tal.

DAVID. Haced lo que yo os digo.

ADONÍAS. Nuestra reputación con eso afrentas.

DAVID. Ya que el campo divides, Joab amigo,
en tres trozos, y así esperar intentas
el uno tú, Abisay, Cusay los otros[276]
regid. *(Tocan un clarín dentro.)*

JOAB. Ya el clarín suena.

DAVID. Pues nosotros
nos retiremos, sal a recibillos.
Hijos, venid.

SALOMÓN. ¡Que así encerrarnos[277]
[quieras!

DAVID. La batalla darán nuestros caudillos.

ADONÍAS. ¡Qué injusta pretensión, Joab, esperas!

---

[275] La secuencia en T y derivadas se altera de forma sorprendente: «Pues de nuestro valor y fe no fías... DAVID: Haced lo que yo os digo». La modificación del verso altera la rima y la estrofa. La única explicación natural es que se perdió la réplica de Salomón en la copia y el verso fue mal modificado por la compañía.

[276] Este verso también se transmite de forma dadaísta en BM, T y derivadas: «Tú el uno avisa y Eseo los otros / regid». En todo caso, el verso transmitido por VT tampoco parece impecable y su esquema acentual es muy endeble. Sería más adecuado «El uno tú, Abisay, y Ensay los otros», con los acentos en sílabas pares, 2.ª, 4.ª, 6.ª y 19. Enmiendo según esto con cambio de posición del pronombre.

[277] En T, BM, BL y derivados: «que así ensuciarnos quieras».

(Dentro clarín y cajas.)

Ya bélicos acentos para oíllos
se acercan, ya se miran las banderas
DAVID. Joab...
JOAB. Señor[278].
DAVID. Pues que mi honor te fío,
advierte que Absalón es hijo mío,
guárdame su persona, no el despecho
de la gente matármele pretenda,
que es todo el corazón de aqueste [pecho
de estos ojos la más amada prenda.
Mírame tú por él, porque sospecho
que moriré, si hay alguien que le ofenda.
JOAB. Mira que de la lid ya[279] empieza el brío.
DAVID. Mira tú que Absalón es hijo mío.

(Vanse DAVID, SALOMÓN *y* ADONÍAS *por/un lado,* JOAB, ENSAY *y soldados por/otro y dentro tocan cajas y dándose la batalla se descubre* ABSALÓN *en un caballo.)*

ABSALÓN. Fugitivos israelitas,
que en los bárbaros desiertos
de los montes amparáis
una vida que aborrezco,
salid, salid a lo llano,
que la batalla os presento
por que vasallos dos veces
seais de mi sangre y mi esfuerzo.
Decid a David, mi padre,

[278] La variante de T y BM es: «Señor, vete a tu tienda», con varias sílabas supernumerarias.
[279] Omitido «ya» en T y derivadas.

(que no ha de dejar de serlo[280]
siguiéndole, por hacer
más grande mi atrevimiento),
que si se acuerda de cuando
joven era y en su pecho
duran algunas reliquias
de aquel pasado ardimiento[281],
que no se esconda de mí,
que en la campaña le espero
por afrentar con su muerte
la corona y el imperio.
Decid que traiga sus hijos
consigo, por que en muriendo
él a mis manos, acabe
de una vez con todos ellos[282].
Al arma, soldados míos,
y a los trabados encuentros
gima la tierra, oprimida,
brame, fatigado, el viento.

(Tocan clarines y cajas y se da la batalla, entrando y saliendo algunos peleando.)[283]

Dentro, TODOS: ¡Guerra, guerra!
UNOS. ¡Absalón viva!
OTROS. ¡Viva David, que es rey nuestro!
ABSALÓN. ¡Qué miro! Allí un escuadrón
que el monte tenía encubierto

---

280 En T: «que no he de dexar el serlo» (según ERC: «que no he dexar el serlo», común a BM y T, anotación inexacta).

281 *Ardimiento,* de la misma raíz del francés *hardiesse,* 'bravura'.

282 Esta observación culmina el tremendismo de la figura del rebelde e insurrecto Absalón.

283 Frente a esta minuciosa y elegante acotación, en T, BM, BL y derivadas, la muy escueta: *«Acuchíllanse algunos»*.

salió de través, y hace[284]
notable daño en los nuestros.
Acudiré[285] a socorrerle:
¡oh, tú, de tierra y de viento
bruto veloz, que has nacido
monstruo de dos elementos,
corre y vuela, que los tuyos
perecen, a socorrerlos.
Mas, ¡ay de mí!, desbocado,
sin obedecer al freno,
por la espesura se entra
de las encinas, que en medio
se me ponen (¡ay de mí!),
¿qué es esto, cielos, qué es esto,
que en las copadas[286] encinas
se me enredan los cabellos?

(Da vueltas el caballo, tocan al arma, salen CUSAY *y* JOAB, *y soldados con lanzas.)*

Dentro, TODOS: ¡Guerra, guerra!
UNOS, *dentro.* ¡Absalón viva!
OTROS. ¡Viva David, que es rey nuestro!
ENSAY. No sigas, Joab, el alcance,
sin que te pare el portento
que he visto[287] en aqueste monte.
JOAB. ¿Qué has visto?
ENSAY. A Absalón pendiendo,
de sus cabellos asido,
teniendo por patria el viento.

[284] En BM, BL, T y otras cambia el orden de palabras: «de través salió».
[285] En T: «acudid a socorrerle», también asumible, aunque parece más natural la primera persona como sujeto.
[286] Es decir: las encinas de altas copas.
[287] En BM, T y derivadas: «que estuvo en aqueste monte».

JOAB. Pues si le viste ¿por qué
no le atravesaste el pecho
con una lanza? Tuvieras
de mí innumerables premios.
ENSAY. Por todo el oro del mundo
no le tocara en un[288] pelo,
que es hijo de mi rey y él[289]
nos mandó a todos lo mesmo.
JOAB. Menos una vida importa,
aun de un príncipe heredero,
que la común inquietud[290]
de lo restante del reino.
La justa razón de estado
no se reduce a preceptos
de amor. Yo le he de matar.
Desvanecido mancebo,
muere, aunque el rey me mandó
que no te tocase. *(Tírale la lanza.)*
ABSALÓN, *dentro.* ¡Ay, cielo!
JOAB. Aun está vivo, Dadme otra.
De Israel Narciso bello,
muere en el aire. *(Tírale otra.)*
ABSALÓN. ¡Ay de mí!
JOAB. Aun con dos no estoy contento:
tres son las que contra ti
me manda blandir el Cielo:
por fratricida la una,
la otra por deshonesto,
y la otra por ser hijo
inobediente.

---

288 En T: «en el pelo» En BL y otras: «no le tocan en el pelo».

289 Para pronunciar este verso como octosílabo hay que decir «re.yel» la secuencia «rey y él».

290 En BM: «que la común quietud», con pérdida de la sílaba inicial, que convierte al verso en incongruente.

(Descúbrese Absalón, *como pendiente de los cabellos, con tres lanzas atravesada.)*[291]

Absalón. Yo muero
puesto como el Cielo quiso,
en alto por los cabellos,
sin el Cielo y sin la Tierra,
entre la tierra y el cielo.
Joab. Israelitas, suspended
los repetidos acentos[292]
y venid todos, venid
a ver tan raro portento.

(Salen todos.)

Ensay. ¡Qué espectáculo tan triste!
Teuca. Cumplió su promesa el Cielo.
Semey. Huyendo venía del rey
y esto me para[293] suspenso.
Jonadab. Bellotas de aquesta encina
no comeré, aunque soy puerco.
Direle el suceso al rey
como si fuera muy bueno.
¿Qué va que, aunque voy despacio,
con esta nueva[294] voy presto? *(Vanse.)*

(Sale Tamar.)

[291] La acotación es la misma en T, pero T la dispone en solas dos líneas.

[292] En T: «los repetidos azeros», también en BL y otras.

[293] *Para* es forma del verbo 'parar' en su acepción no de 'detener' sino de 'deparar' o 'convertirme en'.

[294] En T: «con estas nuevas», que repiten BM, BL y derivadas. Tan posible y plausible como la lección de VT.

TAMAR. Crueles hijos de Israel
¿qué estáis mirando, suspensos?
Aunque merecido tengan
este castigo los hechos
de Absalón, ¿a quién, a quién[295]
ya no le enternece el verlo?
Cubridle de hojas y ramos,
no os deleitéis en suceso
de una tragedia tan triste,
de un castigo tan funesto
que yo, por no ver jamás
ni aun los átomos del viento
iré a sepultarme viva
en el más obscuro centro,
donde se ignore si vivo
pues que se ignora si muero. *(Vase.)*

TEUCA. Y yo también, desde hoy
en su Ley seguirla quiero,
que es grande dios el que sabe
medir castigos y premios. *(Vase.)*

(Sale DAVID, SALOMÓN *y* ADONÍAS.)

DAVID. ¡Ay, hijo mío, Absalón,
no fuera yo antes el muerto
que tú!

JOAB. Llorando David
viene. De mirarle tiemblo.

SEMEY. Yo también, que cometí
contra él tan gran[296] sacrilegio.

---

[295] Conjeturo que esta repetición proviene tal vez de un verso mal transmitido.

[296] En la edición ERC: «tan grande», que añade una sílaba supernumeraria. Tal vez error de imprenta.

JOAB. Señor...

DAVID. Joab[297], nada me digas,
ya sé que vencedor quedo.
Toda la victoria diera
de una vida sola en precio.
Semey ¿tú estabas aquí?

SEMEY, *de rodillas.* Yo, señor...

DAVID. Alzad del suelo,
no temas. Terrible Joab[298],
muchas victorias te debo.
No te puedo ser ingrato,
mientras viva te lo ofrezco.
Tú maldiciones y piedras
contra mí animaste fiero[299];
palabra de no vengarme
en mi vida te di, es cierto,
y aunque tú arrojando lanzas
y tú piedras esparciendo,
los dos me habéis ofendido,
yo os perdono. No me vengo.
Salomón, lo que has de hacer
te dirá mi testamento.
Y agora, no alegres salvas,
roncos, sí, tristes acentos[300]
esta victoria publiquen
a Jerusalén volviendo,
más que vencedor, vencido

[297] Joab se pronuncia siempre como monosílabo. En BM: «atrevido Joab», con sílaba supernumeraria.

[298] En BM: «atrevido Joab», que parece aceptable, pero aquí coinciden T y VT.

[299] Este verso en T varía así: «contra mi? Animate fiero».

[300] Se puede conjeturar un verso original con distinta puntuación y sentido: «roncos, si tristes, acentos».

teniendo aquí fin con esto[301]
Los cabellos de Absalón,
perdonad sus muchos yerros.

FIN

[301] El verso alternativo, común a T, BM, BL y derivadas es muy distinto: «dándole aquí monumento». ERC, en una nota de erudición, apunta que en II Samuel 17-19 se alude a una leyenda sobre Salomón que lo puede justificar.

en el mas obſcuro centro,
donde ſe ignore ſi viuo,
pues que ſe ignora ſi muero. *Vaſ.*
Teuc. Y yo tambien deſde oy
en ſu Ley ſeguirla quiero,
que es grande Dios el que ſabe
medir caſtigos, y premios. *Vaſe.*
Sale David, Salomon, y Adonias.
Dauid. Ay hijo mio Abſalon,
no fuera yo antes el muerto,
que tu? *Ioab.* Llorando Dauid
viene, de mirarle tiemblo.
Semey. Yo tambien, que cometi
contra èl tan gran ſacrilegio.
Ioab. Señor.
Dauid. Ioab, nada me digas,
ya sè que vencedor quedo,
toda la vitoria diera
de vna vida ſola en precio:
Semey, tu eſtauas aqui?
Semey. Yo ſeñor. *De rodillas.*
Dauid. Alça del ſuelo,
no temas: terrible Ioab,
muchas vitorias te debo,
no te puedo ſer ingrato,
mientras viua te lo ofrezco.
Tu maldiciones, y piedras
contra mi animaſte fiero,
palabra de no vengarme
en mi vida te di, es cierto;
y aunque tu arrojando lanças,
y tu piedras eſparciendo,
los dos me aueis ofendido,
yo os perdono, no me vengo.
Salomon, lo que has de hazer,
te dirà mi teſtamento;
y agora no alegres ſaluas,
roncos ſi triſtes acentos
eſta vitoria publiquen,
à Ieruſalen boluiendo,
mas, que vencedor, vencido,
teniendo aqui fin con eſto
los Cabellos de Abſalon,
perdonad ſus muchos yerros.

F I N.

LA

Última página de la edición de Vera Tassis de 1685 de *Los cabellos de Absalón.*

Los flatos

PERSONAS

DOÑA BLASA	DOÑA LÁZARA
DON GIL	DON TRISTÁN
DOÑA ALOJA	COQUERÓN
UN NEGRO	UN MORO
UN BORRACHO	*Criadas y músicos*

(Salen DOÑA BLASA *y* DOÑA LÁZARA, *con manto.)*

DOÑA BLASA. Doña Lázara, ¿cómo por mi casa
te pasas sin hablar?
DOÑA LÁZARA. ¡Ay, doña Blasa,
cómo me voy muriendo!
DOÑA BLASA. Para sentir tu mal, oille pretendo.
DOÑA LÁZARA. Como lo que se usa no se excusa
y lo que hoy más se usa
en las damas son flatos,
no usarlos yo me da muy malos ratos.
DOÑA BLASA. ¿Qué son flatos?
DOÑA LÁZARA. Amiga,
ni sé qué son, ni sé lo que te diga,
porque solo sé de ellos
que no hay, para decirlo sin arenga,
dama de garbo ya que no los tenga
o muera por tenellos:

si voy a ver a doña Hemenegilda,
flatos tiene; también doña Casilda
tiene flatos, y flatos doña Eufrasia,
doña Faustina y doña Antonomasia,
con que, también a mí, de los cabellos
me trae colgada el ansia de tenellos;
así, por no afligirte,
me pasaba sin verte y sin oírte
y pues, desesperada,
no me dejan de gusto para nada,
quédate a Dios. *(Vase.)*

DOÑA BLASA. Él te consuele y guarde.
¿Qué uso es este, que a mí llega tan tarde?
¿Flatos hay en el mundo (¡oh, ansias [fieras!)
y no he entrado yo en él de las primeras,
siendo tan primorosos y tan bellos
que Lázara se muere por tenellos
y otros tan presto de ellos se previenen
antes que sepa yo qué señas tienen?
¿Si serán perendengues o tirantes
con falsedad de hipócritas, diamantes
o hábitos, a manera de rasillas,
de escarlatines o de lamparillas?
Mas no, que el campanil nombre de *flato*
más parece que mira hacia brocato[302],
sin duda entre la alfalfa de otras telas,
extranjero inventor de bagatelas
este nombre les puso,
siendo su voz la rueca[303] de su huso,
por darnos, con el lustre de que es flato,

[302] El DRAE de 1899 registra *brocato* como forma antigua de *brocado.*

[303] En los textos: «gueca» o «hueca». Entiendo que la cercanía de «huso» apunta a una mala transmisión de «rueca».

en vez de piel de liebre, piel de gato.
Mas, sea lo que fuere, el día que pasa
por uso nuevo, yo...

(Salen DON GIL *y* DON TRISTÁN.)

DON GIL. Mi doña Blasa,
¡gracias a Dios que amaneció tu aurora
al corazón que, idólatra, te adora,
para convalecencia
de las eternidades de tu ausencia!
DOÑA BLASA. Buen afecto, por cierto, y a buen hora,
si no tuviera el susodicho afeto
forzado el consonante del conceto.
DON GIL. ¿Cómo, forzado?
DOÑA BLASA. Como lisonjero
es, y no más, afecto tan grosero,
tan vil, tan miserable y tan mezquino
que tenga, poco fino,
a una dama sin flatos a esta hora
y la venga diciendo que la adora.
DON GIL. ¿Qué dices?
DOÑA BLASA. Lo que digo.
DON GIL. Mira...
DOÑA BLASA. No hay que argüir aquí conmigo.
DON GIL. ... que flatos son...
DOÑA BLASA. Ya sé qué son, ingrato.
DON GIL. Desengañarte trato:
una cosa...
DOÑA BLASA. Muy mala,
vas a decir, sabiendo yo que es gala.
Y sea mala o buena,
de su uso nuevo está la Corte llena.
¿Es bueno que los tenga doña Eufrasia,
doña Tiburcia y doña Antonomasia,
y con doña Casilda,

doña Lorenza y doña Hermenegilda,
tanto que aun Lazarilla,
que ayer era una moza de mantilla,
harta de fregar platos,
de envidia muera hoy por tener flatos
y mujer de mi porte
esté sin ellos? ¿Qué dirá la Corte
si cae en ello?

DON GIL. Advierte...

DOÑA BLASA. No hay qué advierta:
o flatos, o no entrar por esa puerta.

DON GIL. Que en fin...

DOÑA BLASA. Para enmendar sus malos tratos,
seor don Gil, ono verme o traerme flatos.
[(Vase.)

DON GIL. ¿Qué decís de esto, don Tristán amigo?

DON TRISTÁN. Con reírme de ello cuanto siento digo.
Mas ¿qué pensáis hacer?

DON GIL. Cortesanías
son desempeño de las boberías.
Traedme de aquel vidriero
una redoma y luego al latonero
que está enfrente, tomadle...

DON TRISTÁN. ¿Qué?

DON GIL. Un embudo.

DON TRISTÁN. Yo voy a obedeceros, aunque dudo
a qué fin. *(Vase.)*

DON GIL. No hay criado
mejor que un comilón entreverado
con honores de amigo,
que hace lo que le digo
y por cariño el ser mandado toma.

(Sale DON TRISTÁN.)

DON TRISTÁN. Aquí está ya el embudo y la redoma.

DON GIL. Trailo contigo y guía...

DON TRISTÁN. ¿A dónde, dime?

DON GIL. A la botillería
que esté más cerca. *(Vanse.)*

(Salen DON GIL *y* DON TRISTÁN.)

DON TRISTÁN. Poco hallarla cuesta,
que la de maese Coquerón es esta,
que haciendo de frialdades[304] maravillas,
inventó la primeras garrafillas.

[(Sale COQUERÓN.)

DON GIL. ¡Señor maese Coquerón!

COQUERÓN. ¿Qué es lo que vosté lo manda?

DON GIL. ¿Tendrá usted a aquestas horas
una garapiña helada
de chocolate?

COQUERÓN. ¡E qué bona!
¡De chocolat de Joan Jaca
fato en Madrit por un negra
que a puro sudar le labra
con tal forza que le corre
en pringa sobre la masa
cuanto bebe!

DON GIL. Según eso
también tendrá limonadas.

COQUERÓN. ¡E più belas! De agua e vino
e de altras frígidas aguas
sin auroras y sorbetes.

DON GIL. Pues mande usted que me vayan
echando en esta redoma
la garapiña, y de cuantas
limonadas y bebidas
tenga a estas horas en casa.

---

304 Se toma *frialdades* en la acepción de 'necedades', todavía registrada en la edición del DRAE de 1899.

COQUERÓN. ¿Tuti junti?
DON GIL. Tuti junti.
COQUERÓN. ¡Oh, Dio mío!
DON GIL. ¿Qué os espanta?
COQUERÓN. De no trovar para qué es
tan farfante mezcolanza.
DON GIL. A usted ¿qué le va en saber
para qué? Yo he de pagarla
con que...
DON TRISTÁN. Mira que no traigo
yo un cuarto.
DON GIL, *aparte, a* DON TRISTÁN: (Ni yo una blanca,
mas no importa) Por que quepa
de todas echando vaya
hasta un cuartillo.
COQUERÓN. Me pieche.
Aparte. (Así he de ver en qué para
este galante capricho)
dona de las limonatas,
dona de las garapiñas.
UNA CRIADA, *dentro.* ¿Qué nos quieres?
OTRA CRIADA, *dentro.* ¿Qué nos mandas?
COQUERÓN. Que una e altra, e todas juntas
aquí con su ópera salgan,
hasta que a este gentilhuomo
rebose la sua garrafa.

(Sale la CRIADA 1.ª, *con una túnica de lienzo hasta los pies, de color de chocolate, pintada de jícaras, con una en la mano, cantando y bailando, y* MÚSICOS.)

CRIADA 1.ª *Yo, que garapiña soy*
de las garapiñas hoy
obedeciéndote voy
a pura sal desalada.

(Llega a DON TRISTÁN, *que tendrá la redoma, y vierte en ella la jícara.)*

ELLA Y MÚSICA: *Pues quiere el capricho*
que a calabriada
pase lo que había
de ser mojiganga. (Cruzado, y vase bailando.)

(Sale un NEGRO, *en jaquetilla colorada, arremangados los brazos, con un paño como avantal y un jarro.)*

NEGRO. *Yo, que como moledor*
vino tinto es mi sudor,
para que sepa mejor
lleno de grajea su masa.
ÉL Y MÚSICA. *Pues quiere el capricho*
que a calabriada
pase lo que había
de ser mojiganga

(Vueltas. Eche en el embudo y vase.)

(Sale la CRIADA 2.ª *con túnica morada, pintada de copas, y dos en las manos.)*

CRIADA 2.ª *Yo, para enmendar tan ruines*
intentos, traigo a otros fines,
de violetas y jazmines
una y otra limonada. (Cruzado.)
ELLA Y MÚSICA. *Pues quiere el capricho*
que a calabrïada
pase lo que había
de ser mojiganga. (Vase.)
DON GIL. ¿Cómo va, amigo?
DON TRISTÁN. *Tomando*
ya va color la opilada.

(Sale un MORO, *ridículo, con otra vasija.)*

MORO. *Yo, que estar el moro Hamete,*
de mi africano sorbete
llenar pienso hasta el gollete
la <j>ícara[305] *redomada. (Vueltas.)*

ÉL Y MÚSICA. *Pues quiere el capricho*
que a calabrïada
pase lo que había
de ser mojiganga. (Vase.)

(Sale la CRIADA 3.ª *con túnica blanca pintada de nubes.)*

CRIADA 3.ª *De agua de canela y leche*
de almendras, sin que aproveche
su candor, a perder se eche
la aurora garapiñada.

(Corro.)

ÉL Y MÚSICA. *Pues quiere el capricho*
que a calabrïada
pase lo que había
de ser mojiganga. (Vase.)

(Sale un BORRACHO *con una bota.)*

BORRACHO. *La limonada de vino*
sin agua, hacer se previno
por saber que ya ella vino[306]
desde la taberna aguada.

---

[305] Las ediciones dan «pícara», pero entiendo que la alusión es a la jícara que se está llenando.

[306] Este verso está omitido en la edición Hartzenbusch.

(Cruzados.)

(Sale la CRIADA 4.ª *con la túnica pintada de aguas.)*

CRIADA 4.ª *De guindas, limón y agraz*
aguas traigo, por que en paz
no haya riña en tal solaz
con la cólera cortada. (Vueltas en cruz.)
ÉL Y MÚSICA. *Pues quiere el capricho*
que a calabrïada
pase lo que había
de ser mojiganga...
DON TRISTÁN. Ya en la redoma no cabe
más.
DON GIL. Con ello en casa de Blasa.

(Vase DON TRISTÁN.)

Señor maese Coquerón[307]
¿qué debo?
COQUERÓN. Les limonatas,
les aquas, les garapiñes,
sorbetos, auroras... Nada,
chinconta reales es toto.
DON GIL. Cincuenta. Que son en plata
dos de a ocho. Dos de a ocho...
dos de a ocho...
COQUERÓN. ¿Qué le falta?
DON GIL. Pues yo con él entré aquí...
Un bolsillo... (¿Hay tal infamia?)
de esta faltriquera. ¿Esto
sustenta y tiene en su casa

307 Aquí hay un problema de escansión: para el octosílabo es necesario hacer que *maese* sea bisílabo, lo que no es frecuente. O bien pronunciar *seor* en vez de *señor*.

un Coquerón tan honrado
que es honor de su prosapia?

COQUERÓN. ¿Qué diches, homo?

DON GIL. Que usted
para que parezca, haga
diligencias con sus negros,
sus moros y sus criadas,
o yo me iré a la Justicia.

COQUERÓN. Mis dos de otto e lugo vaya,
mas, ¿sin pagar, afufón?[308].
¿Conmego cháncharras máncharras?[309].

DON GIL. Espere un poco y verá
si lo son o no. *(Vase.)*

MOCHACHAS. Mochachas,
seguidle todas, seguidle,
que se va sin pagar blanca. *(Vase.)*

VOCES, *dentro.* Todos iremos tras él.

(Salen BLASA *y* LÁZARA.)

BLASA. ¡Lázara! ¿A qué vuelves?

LÁZARA. Blasa,
a ver si se me cayó
un abanico en tu casa.

BLASA. No, porque yo no lo he visto;
y aunque esa ha sido la causa
cuya pérdida me pesa,
me huelgo que vuelto hayas,

---

[308] El afufón o afufa lo explica muy claramente el DRAE de 1899: «Estar uno sobre las afufas, fr. Fam. Estar preparando la fuga, disponiendo lo más seguro para huir y escaparse». El mismo DRAE indica que *afufar* vale por 'huir'. Así que *sin pagar, afufón,* corresponde a lo que en lenguaje cheli actual es 'hacer un simpa'.

[309] Otra explicación excelente en el DRAE de 1899: «Cháncharras mácharras. Fig, pl. Fam. Rodeos o pretextos para dejar de hacer una cosa».

porque a don Gil esperando
estoy, que flatos me traiga.
¡Si vieras cómo le puse
como un trapo, por la falta
de no haérmelos traído
antes!

LÁZARA. No entiendo lo que hablas,
¿flatos te ha de traer?

(Sale DON GIL *con la redoma.)*

DON GIL. Y tantos
cuantos en Madrid se hallan.
Toma, Blasa de mi vida,
toma y de flatos te harta
hasta que revientes. Mira
lo que debes a mis ansias:
aquí vienen todos juntos.

BLASA. ¡¿En redoma?!

DON GIL. ¿Qué te espanta?
Que si estas son las bebidas
familiares de las damas
¿qué mucho, si familiares[310]
son, que en redoma las traiga?

VOCES, *dentro.* En aquesta casa entró.

COQUERÓN, *dentro.* Pois entrate en questa casa,
sea cuya for.

(Salen COQUERÓN, *el* NEGRO, *el* MORO *y* CRIADAS.)

---

[310] *Familiares* se toma en el sentido habitual de «demonio que el vulgo ignorante cree tener trato con una persona y que la acompaña y sirve de ordinario». Solían estar encerrados en una redoma, como don Luis Vélez de Guevara ya nos había explicado a nosotros y a sus divulgadores europeos como Le Sage o Bulgákov.

DOÑA BLASA. ¿Qué es esto?
Pues ¿cómo así se quebrantan
mis umbrales, sin mirar
el que son de doña Blasa
de Catiborratos?
TODOS. Como
venimos tras quien hurtada
nuestra hacienda trae.
BLASA. ¿Quién es?
Cierra, Lázara, esa sala
y no entren más, que hartos somos.
COQUERÓN. Ese hurtalimonadas,
llegad y peladle todas.
DON GIL. Llegad, líquida canalla,
que a la primera he de dar
un redomazo en la cara.
COQUERÓN. ¡Oh, traidor! ¿Mi artillería
me vuelves contra la plaza?
DOÑA ALOJA, *dentro.* ¡Abrid aquí o echaré
la puerta en tierra!
BLASA, *a* LÁZARA. Quién llama
mira. ¡Oh, si fuese Justicia
que esto estorbe!
LÁZARA, *abriendo.* ¿Quién con tanta
furia llama?

(Sale DOÑA ALOJA, *de vieja zarrapastrosa.)*

DOÑA ALOJA. ¡¡Doña Aloja!!
Que viene tras estas falsas,
tan potables asesinas
que viven de lo que matan.
¿Cómo, aleves, cómo, habiendo
desterrádoos yo, picañas,
osáis salir a la calle?
¿El consentiros no basta

que os vendan en las trastiendas
a merced de puertas falsas?

COQUERÓN. Agradezca, doña Aloja,
el que respeto sus canas.

TODAS. Y a todas, el conocer
que somos originarias
del solar de su aguamiel.

DOÑA ALOJA. Contrabandos de garganta
y embustes de paladares,
no mi ancianidad, me valga,
sino mi báculo. Y tú,
daca esa redoma, daca,
que a vista de todos quiero
desengañar a las damas
cuando, médica de flatos,
soy calavera de ansias.

Canta. *¡Oh, tú, dama galanera,*
en este líquido centro
mira, advierte y considera
que este vidro por de fuera
tu estómago es por de dentro.
Corro grandeza

TODAS. ¡Oh, fuerza de la razón
que a todas haces rendir
a tus pies!

BLASA. Pues decid todas,
confesando que es así
que al cabo de los flatos mil
vuelve la aloja por do solía ir.

(Con esta repetición, y todos con instrumentos de pandorga, acaban bailando.)